觀生活

——自我生命教育

鈕則誠 ◎ 著

【自序】

生命情調的抉擇

「學者」二字對我而言純屬頭銜而已，絕非實質內涵，我更喜歡的身分是「作者」。由於主要擔任大學教師，如今我是業餘作者；但是我的心情卻像當兵時數饅頭等退伍，不時期待著退休。我夢想到時候主客易位，主業是讀書與寫作，行有餘力就兼些課，維持若即若離的人際往還。我從小孤單成長，加上個性使然，培養出靜觀的興趣和邊緣的心境，因而毅然選擇念哲學系。然而我並無心當哲學學者，倒是發覺以哲學教師安身也不錯，於是拼命寫論文拿博士、升等當教授。如今一切如我所願，接下去便是問自己，如何在安定中求進步？身邊的學者專家無不在追求專業成長，在教學上也希望立竿見影；我則有心開發生命教育通識課程，使之產生潛移默化的效果。本書《觀生活——自我生命教育》正是一部情意性的生命教育教材，她與《觀生死——自我生命教育》列為姐妹作。

雖說是姐妹作，但二者的寫作緣起實大異其趣。《觀生死》匯集了我自二○○○年起六年間陸續寫下的百折小品散帖，《觀生活》卻是我在今年春節期間接連十六天伏案完成的系列哲理文章；前者乃隨緣為之，後者係計劃書寫。然而她們的成套問世，又屬偶然因緣。話說《觀生死》的前身為《心靈會客室》，此中關係可見於該書序言，在此不贅述。適巧去年有家出版社編輯邀請我用《心靈會客室》的筆調，為一套通俗心理學叢書撰稿，以自我療癒各種疑難雜症；我

一時興起，竟然寫成應用哲學著作，當然不符所需。不過在極短時間內反身而誠，從而暢所欲言，的確是種難得的自我觀照。為了保留這十六天心路歷程的雪泥鴻爪，我決定以其本來面目公諸於世，說與有緣人分享。二書既然在形式與內涵皆有相通之處，不如結伴成冊，日後更可以當作柔性的授課教材與同學對話。

　　《觀生活》分為「我手寫我心」、「人學觀」、「人學的應用」、「生活的開展」、「生活的本質」、「生活觀」等六篇，其中首尾兩篇分別呈現我的敘事觀點和人生哲學，其餘四篇則有系統地探討人與生活諸面向。本書可視為我的第一種人生哲學著述，是我對近四十年前的年少心靈提問之自我回應，理當歸於自我生命教育成果。全書凝聚起今年初半月沉潛用心之所得，也算是當下生命情調的抉擇。「生命情調的抉擇」之說來自哲學前輩劉述先教授，我有一回跟前輩同搭捷運，曾當面向他請益，獲益良多，今願敬表謝意。而過去三年多我跟揚智公司合作愉快，一共刊行了八種著述，目前除了簽約撰寫我的第三種殯葬學論著，也就順便把《觀生死》加《觀生活》的套書交與公司付梓。感謝發行人葉忠賢先生與總編輯閻富萍小姐的厚愛，讓我滿足了一個無可救藥理想主義者的作者夢。

鈕則誠

序於二○○七年父親節、結婚二十二週年

【目　錄】

參、人學的應用

人的教育——

v

陸、生活觀

壹、我手寫我心

生死與生活

　　二〇〇七（丁亥）年正月初一，在暖冬初春稍涼的氣候下，大早起床坐進北臺灣家中書齋裏，竟未聞一聲爆竹響，大概是人們多半因為守歲而晏起。從昨夜到今晨，簡訊不斷湧入，道是報豬年吉祥之語，我一一心領，卻不曾回覆，懶得在手機上為文也。不瞞大家說，我至今猶喜用稿紙寫作，一筆在握，靈感信手拈來，不亦快哉！那似黑咚咚的電腦螢光幕當前，加上礙手礙腳的鍵盤，連將書冊獺祭於桌上的空間和樂趣都被排擠掉了。正式任教於大學十八年半，我一共寫出十六本書，它們全是心手紙筆合作的結果。眼前這本更是特別，我發願要用我手寫我心，因為它讓我實現長久以來的作者夢。受到父親為軍職業餘作家的影響，我一直嚮往創作小說，不成則揮灑散文也行；多年來卻盡是在學術論著和教科書字裏行間打轉，至今總算有機會寫下一系哲理散文。

　　算算這本書在今後一年內出版的時候，我已經五十四歲上下，如此便跟哲學糾纏了三十四年。居滿二十歲那年，我考進輔仁大學哲學系，十五年間一路從學士、碩士讀到博士，其中還包括兩年役期和三年雜誌記者生涯。我自認是哲學學者，然而無論從哲學界或是從我自己的視角看，都會發現我乃十足哲學邊緣人。但這毋寧是件好事。反思自身處境，使我想起

唯一一次觀看銀河的奇妙經驗。大四春假參加畢業旅行，一晚在墾丁落腳，幾個同學信步往鵝鑾鼻方向走去，伴著我們的是滿天星斗和一片漆黑；驀然間，眾星相互集中，匯成一條斜向的光亮銀帶，那便是傳說中的銀河啊！後來我從天文常識得知，地球所屬的太陽，處於銀河系外圍懸臂邊緣一隅，卻讓渺小的人類能夠站在有利位置上，得窺銀河中心壯闊的盛景。我慶幸自己沒有身處哲學圈內，才得以放眼宇宙人生，放言高談闊論。

　　我能夠談論什麼呢？三十幾年前我選擇念哲學系，是受到當時流行的存在主義影響，所做出的存在抉擇；當時我感興趣的乃是人生哲學，至今猶然。但是幾乎所有哲學系都沒有人生哲學課，反倒是其他科系學生的通識教育內，有這方面的選修課程。我拿到博士學位後，到大學和專科教通識課，從人生哲學講到生死學；因緣際會下，竟然奇妙地受邀到一所佛教學院去創辦生死學研究所。跟生死學一扯就是十年，我現在還有一個空中大學教學節目「殯葬與生死」正在製作；人稱我是這方面的專家，我則表示自己尚未死，不配作專家，還是以哲學工作者或哲學從業員自居為妥。談生死其實是為了討生活，這是我十年來的處境與心得。而生死和生活都需要學，也可以學，但是無所謂「生死學」或「生活學」。本書題為《觀生活》，主要意指：人生在世，應該用心反觀自己，並且主動終身學習，從而開發出更豐富的生活智慧。讓我們一同來學習成長吧！

生活史

　　我曾經讀過一些學者和研究生寫的質性研究論文，裏面有一種生活史研究法，形式有點像在講故事。現在我也來講一講自己的故事。我是個教書匠，教書之餘，讀書、寫書和買書是我的嗜好，滿屋子書剛好跟學服裝設計的太太滿櫃子服飾相映成趣。結婚近二十二年，我們擇善固執地不生小孩，讓彼此擁有各自沉潛浸淫的空間。這種事情的利弊得失，只能說如人飲水、冷暖自知。我有一個教授同事，中年離異，有回臥病在床時無人照應，心生恐懼，乃決定再娶，看來看去竟相中我太太姐夫在大陸的姪女，終於跟我結成遠房姻親。夫妻二人年齡雖然相差近兩輪，但是他老兄硬是鍥而不舍把她接到臺灣，八年來兒子都已經六歲，太太連身分證都快等到手了。今天晚上我約了他們一家三口吃火鍋，湯頭沾料的酸甜苦辣鹹，還不都是自選的嘛！此亦謂之存在抉擇。

　　我的父母也是中年分手，十一年前父親在美國去世，享年八十有五；昨天晚上我到九十歲老母和繼父家吃年夜飯，她老人家要我吃幾粒湯圓再離開。我習慣早睡早起，沒有留下來陪她守歲；半夜在陣陣鞭炮和幾通簡訊聲中，迷迷糊糊地過了年。頂客家庭過年就是清閒，太太打算明年去北京過一個有中國味的年，我則想到明天回娘家不免又是大包小包。生活是

什麼？不就是柴米油鹽醬醋茶嗎？小時候領軍公教的眷糧，內容就是這些配給，還送到家門口呢！父親先當軍人、後做榮民，有個料想不到的好處：我從小學一直讀到碩士班，學雜費都由政府補貼，完全不用家裏花錢；退伍後念博士班，則是免繳學雜費，還可以領助學金。回想我的成長年代，雖然高中心浮氣躁，老想反攻大陸，前後念了五年才考上大學，但終究還算是平順。至於日後成為教書匠，其實是其他方面一事無成的結果。

我的生活史平淡無奇，只有考大學前一度百般焦慮，生命濃得化不開；念哲學系多少是想為自己解套，不料從此卻被哲學套牢，而且一套就是大半生。年輕時我選擇了哲學，中年後哲學選擇了我；其間一度短暫出國改行念心理學，後來開發生死學和殯葬學，如今棲身於教育系所，都不過是哲學生活的轉化。生活對我而言便是學習，學習需要無止境的好奇心，並且不斷去試探：我十五歲以前懵懵懂懂，高中五年好讀雜書不求甚解，大學四年海闊天空瘋狂搞社團，碩士班兩年初嘗為學滋味同時談戀愛，服役時當教官首度為人師表，其後三年幹影劇記者成天風花雪月，終於悟出鏡花水月的道理而急流勇退去念博士班，三十五歲修成正果便教書至今，夠平凡的吧！但是每一個人生轉折，都反映出我的存在抉擇；而這些率性的抉擇，終究讓我成為比較悠閒的大學教授，至少有寒暑假可放。寒假以來，我經常下午三點出去倒垃圾，鄰居還以為我已經退休或是中年失業呢！

階級性

　　生活裏要學的東西很多，看問題的視角便屬其一。我們經常對很多事情想當然耳，但那很可能只是劃地自限的結果。我寫書談論對於生活的觀想，不應無的放矢，更沒有理由天馬行空。我的書寫便是我的生活經驗積累：作為大學教師，教書和寫書幾乎成為我的生活全部，但這種生活型態並非憑空掉下來的，而是一連串生涯選擇的結果。現今流行講生涯規劃，它甚至成為一門高中課程；然而三、四十年前很少有人在作規劃，多半是趕時髦流行，或者邊走邊瞧。記得我考大學時堅持要念哲學系，父親只輕描淡寫送我一句：「將來畢了業，你得靠自己過日子。」讀完哲學若不改行，似乎只有靠兩條路過日子，不是耍筆桿，就是耍嘴皮；兩條路我都走了，三年雜誌記者加上二十四年老師，後者如果把一年半軍校教官和四年博士生到處兼課都算進去的話。

　　誰說念哲學沒有用？下禮拜開學，我一週只教十堂課，其餘時間大多歸我自由運用。至於薪水收入，政府將大中小學各級教師齊一標準；十八年下來，我剛好達到年功俸頂端，這使我被定位為臺灣的中產階級。吃中飯時看電視新聞，見千億身價的郭台銘大年夜上法鼓山撞鐘祈福，掏空六百億落跑的王又曾在美國蹲苦牢過年，還有領貧戶出身總統紅包的隊伍綿延

一公里，以及一家生下七口嗷嗷待哺等社會眾生相，心想當老師在安定中求進步，可謂比上不足、比下有餘了。但是這個中產階級的身分，還是會挨一些社會行動者的批判，這使我想到當年念哲學系時，也曾經對一個模糊的「中產階級」概念嗤之以鼻。近百年有三大人類偏見被一一揭穿：階級主義、種族主義、性別主義，據此看來，我應該被貼上「中產、外省、男性」三合一的原罪標籤，那還有資格著書立說，以宣揚自己的生活觀點？即使說出口，不也是該被批判的「政治不正確」謬見嗎？

民主自由社會的作用之一，是培養「我對，你不一定錯」的包容態度。我的階級性，包括職業觀點、省籍立場，以及性別取向，大體是與過去半個多世紀在臺灣的時空脈絡交互作用下所致。讀者朋友和社會上每個人的生路歷程及反思所得，其實都是在各自的環境與背景中形成。因此當我在次第陳述自己對生活的觀解時，用流行的說法，是在「分享」所見、所思與所感，並非要大家同意或遵循。我發心從今天大年初一早上起，延續過去信手拈來寫雜文的筆觸，開始有計劃地寫一本十萬字的哲理散文時，無非是想實現我的作者夢。我期待於用「抒情」的形式來「說理」，目的是激勵讀者朋友有心去書寫自己的生活故事，也就是善用自己潛藏的智慧去改善、充實生活。我們必須學會反思自己的階級性，同時批判地站在這個階級立場上發言，才不致游談無根。

人生觀

　　我的人生觀無疑是在我的生活故事中激盪下的產物，而這些觀點又會回頭去影響我的生活史和生涯路。人生正是這麼一種擺盪過程，懂得用哲理去反省思考的人，比較能夠看清它的軌跡。但是誰也不敢講，自己的人生各階段選擇一定是正確無誤的；我們只能說當下是否恰當，至於正確與否，只有等到蓋棺方能認定。有些人的功過，甚至蓋棺多時，也不見得講得清。經歷十多年的生死學洗禮，我學會由死觀生的考察途徑，其實那就是孫子兵法裏的「置之死地而後生」；把人生想像成最極端的絕境，再回頭看看有沒有轉圜餘地。死亡即是絕境，知道自己必死無疑，便作好死前準備；認清自己還沒有死，就安排好好地活著，讓日日是好日、天天有藍天。沒有不生的死，至今也未見不死的生；人生數十載，死只是一剎那的事，為什麼要怕死呢？

　　我不怕死，但我想我怕痛。前幾天牙疼，想起過去拔牙、補牙的慘痛經驗，還是選擇隱忍，好在現在不疼了。假如再疼呢？只有退而求其次，考慮長痛不如短痛。你我他之中，必定有四分之一的人要死於痛苦的癌症；安寧療護只能關照到其中一小部分，更不用提其他慢性甚至罕見疾病，難怪安樂死的呼聲在世界此起彼落。生死問題留著以後慢慢談，現在回到生

活問題上面來，我相信人生觀可以幫助我們度過一些人生的難關。人生觀是一個人對自己生命、生活、生存的系統性看法，有些人從宗教信仰或民俗信仰內得到啟發，我則在古聖先賢的哲學信念中發掘出真義。以漢人為主的華人，不是單一信仰的民族；許多人甚至根本不信教，卻能夠說出自己的人生大道理。這些道理融匯了儒道佛三家的智慧，我覺得可以將它們正本清源，推陳出新。

二○○○年春天，我開始為一家佛教報紙的婦女版，連續寫了十個月的星期專欄，後來被另外一家佛教出版社結集成書，延用原來的專欄名稱，叫做《心靈會客室》。四十幾篇近千字小文章，就像現在寫的哲理散文一樣，沒有太多佛海義理，多屬現代人生活點滴。自二○○三年起，我又先後在七種教科書的每一章末尾，納入這個同名的小專欄，加上前面寫的，至今不下一百五十篇。換言之，我手寫我心，七年來已經涓滴出十餘萬字的人生觀點。在一系列的〈心靈會客室〉中，我凝聚出一套「後現代儒道家」思想，它教人秉持「中國人文自然主義」哲理，去學做「知識分子生活家」，其特色為「後科學、非宗教、安生死」，屬於徹頭徹尾的現世主義人生觀，不關心「死後生命」。沒有生命才叫死，死後還有什麼生命可言？然而我雖不談「靈魂不滅」，卻鼓勵大家追求「精神不朽」，這便是我在本書中所要闡述的哲理。

生涯路

　　年過半百，還有多少年好活，其實沒個準兒；姑且就以臺灣人口平均年齡七十五歲為標竿，自五十歲算起，學學大陸的計劃經濟，我起碼還可以推動五個「五年計畫」。我們這些教書匠照規定要在六十五歲退休，到時候該退就退，免得惹人嫌。退休前我是大學教師，退休後願為閒雲野鶴。倒是有件事可以前後一致，持之以恆，那便是寫作。三年前家叔鈕先鍾教授以九二高齡去世，遺留上百種著述，身為戰略學家的他，堪稱著作等身。記得一回我前去探望，老人家聽說我有意寫作，留下一句雋永的叮嚀：「要想專心寫作，得學會挨坐冷板凳的滋味。」原來寫作是一件相當孤單的事情，不同於一般戲耍，必須靜下心來方能有所得。自幼功課欠佳且天性浮躁的我，走上教師和寫作之路，連自己都覺意外。不過至今已達漸入佳境的地步，就持之以恆地走下去吧！

　　寫作對學哲學的我而言，當然不是鴛鴦蝴蝶、風花雪月的事情；即使有感而發，也希望文以載道、著書立說。立言或許是我唯一可行的精神不朽之途。因為有機會教大班通識課，書商願意為我出版教科書，如此便不愁書賣不出去。我也樂得從善如流，同時在硬梆梆的哲學教科書內，穿插一些軟調的哲理散文。要問我的人生後期生涯如何規劃，大概不外教書、寫

作，以及指導研究生寫論文吧！我在學校同時為師資培育中心和教育研究所的教師，師資培訓由於少子化和教師過剩雙重因素的影響，已呈現快速萎縮之勢；相形之下，教研所在職專班廣招現職教師，卻有很大發揮空間。像我所服務的銘傳大學，就遠赴馬祖南竿開設碩士專班；我為此上學期六次飛往「對岸」授課，同時親炙難得接觸的閩東文化，可謂教學相長。

　　大學教師是一份充滿創意且相對穩定的「事業」或「志業」，它不像一般換來換去的「工作」，或是朝九晚五缺少變化的「職業」。回想我當年只做了三年記者，便產生職業倦怠；選擇重新當老學生，一開始竟然不適應。記得拿月票搭公車，還必須出示帶相片的學生證，證明我是博士生。四年後畢業到大學任教，就再也沒離開過學校了。如果我還有二十多年可活，退休前十餘年將以教學和帶領學生做研究為主，其後十年則留給自己去寫作與靜觀。我的邊緣身分和位置，使得我習慣於作為旁觀者。萬物靜觀皆自得，到了年初一夜晚，又聞得此起彼落的爆竹聲響，年節遂在筆尖流過。明天照例到太太娘家去吃喝嗑牙，然後在黃昏前回家幹活兒寫作。去年我就是大年初二開始動筆寫一本十萬字的專書《殯葬生命教育》，兩個月大功告成；眼前這本《觀生活》，不知是否有此能耐？

貳、人學觀

生物人——

人文與科學的對話

　　說清楚我的發言位置，接下去就要開始文以載道、著書立說了。無論觀生死還是觀生活，它們都屬於人學觀的一部分。人學不等於人類學；人類學用科學觀點研究人，人學則用哲學觀點省察人，自我反思在此顯得很重要。我自多年的學習與反思中，歸納出「生物／心理／社會／倫理／精神一體五面向人學模式」。不同於我的許多哲學界朋友把自己視為純粹人文學者，我始終嘗試站在人文立場跟科學對話；它最早體現於我上大二時選生物系為輔系，並且花了三年把它修完。一個文科學生到理學院去插花，在輔仁大學不但是唯一，或許更屬空前絕後。學自然科學的經驗對我來說相當寶貴，它讓我有機會體驗知識學習的多元進路。十七年後，三十八歲的我以哲學博士、副教授、系主任三重身分，到政治大學去念了三年半的企業管理研究所，社會科學世界同樣為我開了一扇多采多姿的窗。

　　從歷史發展看，科學由哲學中脫穎而出，同時分化出許多學科，各自獨立。但是三、四百年過去了，科學家的正式頭銜仍舊是「哲學博士」。身為正宗哲學博士，我從未自視為哲學家，僅以哲學工作者甚至哲學從業員自居。為了持續進行人文與科學的對話，我從上碩士班開始，便選擇走「科學哲學」的道路。這是哲學內一片相當冷門的教學與研究領域，我卻靠著它取得碩

士、博士學位和教授資格。根據自己三十年來的研究心得，我認為科學作為知識的意義，可以還原為它的前身，即是「自然哲學」。十七世紀牛頓的力學鉅著，題為《自然哲學的數學原理》；二十世紀諾貝爾醫學獎得主莫諾融科學與人文於一爐的分子演化論代表作《偶然與必然》，其副題則為《現代生物學的自然哲學評論》。我在碩一時初次讀到後者中譯本，深為所動，大獲啓迪，乃發心從事生物哲學的研究。

　　當年輔大生物系主任是一位外國老神父扈伯爾，他用很厚一本英文生物學教科書上入門課，書末的演化論章節卻沒有講。我以為是時間不夠用，後來才曉得天主教主張創造論，同時不贊成演化論。這點讓身為華人的我，感到有些納悶：科學是科學，宗教歸宗教，怎麼會起衝突？後來為研究科學哲學，讀了許多科學史的書，才慢慢理解一樁樁科學與宗教不相容的公案。我原本以為這些爭議在臺灣似乎顯得很遙遠，沒想到服役期間，在報上看見當年陽明醫學院首任院長韓偉，以基督徒身分跟各方學者大打筆戰，堅斥演化論為無稽之談和異端邪説，才發覺事情比我想像的來得複雜嚴重。從生物學的自然哲學面向看人，若是跳過演化論不談，我想非但不免遺憾，更可能見樹不見林。讓我們暫時擱下宗教教誨，聽聽科學家的觀察所得吧！

生物人——

分子與演化

　　分子生物學的開創，是二十世紀重大科學成就之一；一九五三年有兩名年輕科學家克里克與華生，在英國劍橋大學揭示了生物大分子去氧核醣核酸的結構之謎，奠定一塊里程碑。那年我剛出生。三十五年後，華生領銜展開對人類基因體定序的研究工作，此一工作於二○○○年由美國總統柯林頓宣布初步完成。究竟這些耀眼的科學成就，對於我們日常生活有何影響？從生死到生活，會受到何種科學知識的啟發與衝擊？我突然想起大年夜電視播出女藝人丁國琳努力賺奶粉錢獨自養女兒的新聞，這名接近中年的演員跟比他年輕的銀行家之子未婚生女，對方避不見面，但是骨肉總是親生的啊！怎麼辨別？不外近年流行的檢驗親子間基因吻合性。喧騰一時的辜老疑似私生女大新聞，也是在科學相驗下揭露底牌。現在大家知道遺傳分子的妙用了吧！而政府也為此訂定相關法案來加以規範。

　　至於為人類基因體定序的意義，讀者朋友不妨去市場裏找靈感。去年三月我到臺東開會，回程時買了一箱當地名產水果釋迦，準備托運搭機，櫃臺人員問我是軟的還是硬的，我一時覺得莫名奇妙。後來才弄清釋迦未熟時是硬的，不怕碰撞，所以可以上飛機；至於成熟後就變得很軟，像草莓一般不耐壓，要是托運到頭來必定糊成一團。有趣的是，近年市場出現一種稱作鳳梨釋迦

的水果，質地較硬，卻不失釋迦滋味，其實這是兩種水果混種的產物。不同物種的混合，乃是把表現各物種特徵的基因體加以切割組合，以形成新的特徵。混種水果是為了口感而改良，技術上較簡單；至於市售豆腐許多標示有「基因改造物」，就屬於對品種本身的改變，其利弊得失至今尚未能全面評估。不過聰明人只要一想，就會明瞭這些在植物上的改變，若是用於動物甚至人身上，將會帶來何等衝擊！

　　過去基督宗教長期影響西方世界對於人類的看法；作為上帝最高等的受造物，人乃是萬物之靈。如今在科學觀點中，人還是高等生物，某些方面確實比其他動物靈敏，尤其是語言和智力；但是人與其他動物甚至於植物，在根本上卻同出於一源，分化成今日多樣物種的動力即是演化。當演化論在十九世紀中葉問世時，教會將它簡化並醜化解釋為人類由猿猴所變。現今我們一方面仍然能夠在猿猴豐富的表情中，找到與人類的幾絲神似；另一方面也確實可以從基因分子排列的相似度上，發現人類與猿猴的近親關係。二十世紀的分子生物學為十九世紀的演化生物學提供了精密的科學支持，現代人的日常生活裏，雖然還容得下宗教信仰，卻也因此必須留一些位置給科學觀點。大家在享用科技所帶來的福祉之餘，是否也想親近科學知識呢？讀一些科普書籍或刊物或許是個好辦法。

生物人——

動物與植物

　　人類無疑是一種動物，也是動植物通吃的雜食生物，但是沒有一個人會希望變成植物人。這使我想起十七年前發生在我們學校的一樁奇特事件。一九九〇年銘傳由女子商專改制升格為管理學院，開始男女兼收，大一新生迅速形成「班對」，也就是同班的戀人。有個小伙子騎機車接送女友上下學，還把自己的安全帽給她戴；有天不小心出車禍，女孩沒事，男生昏迷不醒長達半年，呈現植物人狀態。家屬受不了想放棄治療，但是病人可以自主呼吸，就不能棄養。這時慈悲為懷的校長包德明女士聞訊，決定慷慨解囊相助，並為其尋求最佳醫療途徑。車禍一年後，年輕人竟奇蹟似地甦醒，無奈卻出現失憶症，連家人都不認得，更別提回校讀書。二十上下的大男孩，家人想到得照顧他一輩子，不禁又怪罪起校長來了。這真叫做「情以何堪」！

　　通常植物人復原的機會不多，而大家也許不知道，臺灣在這方面已經默默地創下一項世界紀錄，那便是存活得最長久的植物人。或者有人還記得王曉民，一名優秀的女子高中儀隊隊長，一九六三年九月遭逢車禍昏迷至今未醒，已成六十多歲的祖母級人物了。她的父母在照應她多年後雙雙去世，如今靠妹妹繼續未盡之責。試想若沒有政府或民間團體力量的協助，任何一個家庭中出現如此慢性疾病或罕見疾病患者，必須長期投入照

顧，將會對家人的生活形成多大壓力與影響！我們要如何以生活的智慧去因應各種變局？與其亡羊補牢，不如未雨綢繆；多方瞭解社會上各種支持性團體的運作，並且勵行身心健康的養生之道，將對規避風險大有助益。近年有人提倡用蓄養寵物或盆栽園藝來修身養性，將動植物的活力與美感引入人們生活中，倒不失為可行之道。

　　動植物可以增添我們的生活情趣，但是不見得好養。太太交代我為花盆澆水，不知是否水分太多，植物竟然被浸泡枯萎，我也免不了被數落一番。更早的時候，太太同學寄養了一隻博美犬在我們家，小狗僅三歲卻重達五公斤，看來被過度飼養，已有步履蹣跚、氣喘不適的毛病；我乃嘗試實施斷食療法，令其過午不食，半年後縮成兩公斤半，但狗眼從此視我如寇讎。此犬後來另謀飼主，十四歲才歸陰，可謂修成正果矣。西方人以前把貓狗等當寵物，近來則視為伙伴或家族成員，這是對有情眾生的尊重。我追求生活簡化，連孩子都不生，更別說養貓狗了。內人屬狗，小名亦喚「狗」，家中狗來狗去，一點也不寂寞，現在只希望窗臺上剩下那幾盆花能夠欣欣向榮，對我而言就算功德一件了。

生物人——

葷食與素食

　　我的人學觀是把人視為「生物／心理／社會／倫理／精神一體五面向」的存在個體；也就是說，我們至少可以從五方面來思考人的問題，包括人的生活；但是必須記住，人其實是不能分割的整體。比方我現在要討論的吃葷吃素問題，它雖然涉及人的生物本性，卻也跟其他方面有所關聯。話說近兩年前有回到佛教玄奘大學參加學術研討會，在會場門口買了一本叫《深層素食主義》的書，閱讀後深有所感。剛巧不久學生辦謝師宴，出席時問我要不要坐在素食桌，我隨口說好，從此發心吃全素。此一考驗我毅力與決心的轉變，一共維持了兩個月又三週。暑假結束前，我遠赴山東大學醫學院做短期講學，抵達當晚院長為我接風洗塵，上來的大菜竟是驢肉，外加上等美酒，不吃不喝又覺怠慢，近三月的素食生活實驗，便以破功而告終。

　　臺灣流行佛道雜糅的民俗信仰，再加上養生之說盛傳，素食竟蔚為時髦。不過令我不解的是，為什麼許多素食的造型和味道，要盡量做得跟葷菜一模一樣，甚至連名稱都加以追隨？這種口素心不素的作法，豈非知行相違、口是心非？如果真要吃素，我覺得寺廟裏的齋飯，比外面以素食為號召的餐飲好吃多了。這裏所說的好吃，是指平實、平淡、平凡，而非色、香、味俱全。從演化觀點看，人類屬於雜食動物，成長過程中需

要攝取動物性蛋白質，但成年後茹素並無不妥。我一時起心動念吃素，肇因於近年從事殯葬教育，經常跟學生提及遺體處理；有天我突然想到人們用繁文縟節去奠祭亡者，遺體入土或火化也慎重其事，卻把動物遺體吃下肚，想到這兒便覺得有些不自在。這多少屬於自尋煩惱，卻觸動了我去嘗試改變飲食習慣，總算是稍有體會。

《深層素食主義》一書分析出六種素食模式，有些已不算真正吃素。如果以不殺生或少殺生為標準，第一種連摘食蔬果都不允許，只能吃熟透自然脫落的植物；若完全遵照辦理，可能要餓壞了。第二種就是我們習見取植物及其製品為食物的全素，臺灣大致以此為準。至於西方人有飲奶及吃蛋者，即是第三及第四種的奶素和奶蛋素。最妙的是第五及第六種半素食，前者吃無足動物如魚類，後者加上吃二足動物如雞、鴨；這些都叫吃白肉不吃紅肉，而紅肉即指豬、牛、羊肉等。吃動物肉當然不免殺生，吃植物也可能結束某些生命型態，以此為素食的理由雖然值得商榷，但素食主義無疑還是會觸動人們的同情心，而在慈悲為懷中作出選擇。但是少吃肉的問題，還不如少開車來得嚴重迫切；汽車排放廢氣造成全球暖化現象不斷惡化，更值得我們深入關切。

生物人——

環境與生態

　　人作為有形的存在個體，既然無逃於天地之間，就應該學會如何頂天立地，包括承擔集體的責任。如果我沒有弄錯，去年至今我度過有生以來印象最深刻的一個暖冬，因為到今天大年初二，我依然想不起來這些日子裏，有那一天是凍得讓人受不了的。莫非新聞報導提及的全球暖化現象，已經變得越來越嚴重？這使我想起電影「明天過後」，我原本是以看科幻電影的心情去找刺激的，卻沒想到它是一部更聳動的預言電影。故事講全球暖化現象適得其反，造成南北洋流阻斷，海水溫度迅速下降，導致北半球急劇陷入冰河時期，沒有凍死的人只好大規模移居南方。是譁眾取寵？還是危言聳聽？片中紐約自然博物館內的長毛象，似乎真的沒有躲過類似一劫，也表示遠古的確發生過突如其來的冰河期，讓動物走避不及，某些大型動物甚至因而絕種。

　　因天災而走避不及的事情經常發生，地震的慘狀固然不用講，不久前南亞海嘯的怵目驚心，仍令人記憶猶新。這個時候我們就該用心想想，孔老夫子「盡人事，聽天命」之說的真義了。我對此的解釋是「發揮自己的潛力，同時瞭解本身的限度」；儒家的天命說雖然有更崇高的意思，但是我寧可把它想成道家的順應自然，如此便無需過分造作。人類發展到今天，早已開創出包括科學知識在內的文化世界，不可能再回到茹毛飲血的自

然境地。但是由科學知識所帶動的技術進步突破，卻會產生各種後遺症。就拿代步的汽車來看，舊式冷氣的冷媒氟化物會破壞臭氧層，所以停產不用；消耗汽油的內燃機會排放二氧化碳造成地球暖化，難怪要人們改用酒精或電力車，或者乾脆不開車。問題日益嚴重，車輛卻不斷增加，這才是現代人生活中的弔詭。

　　弔詭難以用知識解決，卻可以藉智慧超越；知識是經驗累積，智慧卻是靈光乍現。人類從未想過會因為自己動腦筋的結果，有可能把地球毀掉。當然解鈴還需繫鈴人，所以人類不斷發明更新的科技，以改善舊有科技所產生的困局。不過更高的智慧才是我們真正需要的。人類的生物性身體佔有時空，時空便是人們身處的環境；環境不斷變壞，人又如何潔身自好？上個世紀人類思想的一大突破，即是形成整體生態觀；用有機式考量取代機械化思維，把眾生當作一體來看待，而非僅重視人類的福祉與自身的利益。如果明天過後是大滅絕，是回到宇宙洪荒之初，那麼我們只能寄望於第三類接觸，追隨外星人到其他星球上去討生活。生活即是活在現實中，眼前的生活沒有外星人；未來即使有，也可能是吃人的異形。看來我們還是自求多福較為妥當。

心理人——

生理心理

　　討論過生物人的問題，接下去探究心理人，也就是從心理面來看人。生物學主要在談動物植物、細菌病毒和基因分子等，心理學卻多以人為對象。心理學自古就是一門考察人心的學問，只是在不同的時期，對於「心」也有著不同的理解。西方的心理學原先屬於哲學的分支，就像科學本來是自然哲學。科學自十七世紀開始由哲學中獨立，並不斷多元分化；心理學則到十九世紀下半葉才從哲學中分出去，並宣稱自己為「科學的心理學」。在這以前，哲學的心理學探討靈魂、心靈及意識；科學化以後，則關注於行為、生理和認知課題。一般常聞「身心」一道講的，也有人喜談「身心靈」，但總是把身與心放在一起來思考，這可說是跟我們每個人的經驗相吻合。我們意識到自己在思考，也感受到這個在思考的我有一個身體；哲學家笛卡兒有名的命題「我思故我在」，便是指這種反思。

　　身心不斷互動，從而影響及我們的日常生活。先說一個實驗：科學家教猴子辨識圖形，出現圓形便餵食，出現方形就觸電，猴子馬上學會趨吉避凶。接著把圖形弄擰，圓不圓、方不方，難免判斷錯誤，結果東西吃不著，還挨了幾次電擊。實驗重複進行，受挫的猴子索性不反應，乾瞪眼。不久猴子死了，死於焦慮所導致的消化性潰瘍。這種情況有沒有一點像現代人的生活處境？

生活中的事物不全然是方圓立見、黑白分明的，多半混亂紛雜、渾沌不清，卻要你我下決心、作判斷。所謂「人算不如天算」，好不容易買到返鄉過年的飛機票，結果大霧攪亂了行程，只好在機場將帶回去送禮的東西，就地果腹分而食之；這是前兩天電視新聞的畫面。交通狀況、股市行情、健康情形，在在影響一個人的心情，並且造成生理反應，心理人此刻同時也是生物人。

　　生活大小事不種因、不結果，越是面對繁複，越要尋求簡約。手機對我只用於接撥電話，電腦用來上網讀寫信件、閱報查資料，還有便是文書處理。我的日常生活以靜制動、一切從簡。我相信「萬物靜觀皆自得」，自我要求「不以物喜，不以己悲」，人際往還秉持「道不同，不相為謀」；好在當老師的生活較為獨立自主，有可能不必媚俗地過日子。原本抗拒不了的誘惑，就是大碗喝酒、大塊吃肉，現在也因為高血壓而克制。心理人的第一個教訓是：莫讓生理不適影響心理，也別拿心理不快破壞生理；身心理當互補，至少要做到不互斥。人生時光有限，犯不著為無謂的人事物傷神。想起大一時在教室吵鬧，被叫到隔壁系主任辦公室挨罵；當他老人家在厲聲數落時，我卻在他的桌曆板上看見兩行字：「忍片刻風平浪靜，退一步海闊天空。」這兩句話至今仍然受用。

心理人——

行為心理

　　一九八二年我前往美國洛杉磯加州州立大學讀了一學季的心理系，因為基礎不夠紮實，學生顧問建議我在大學部補修課程；算算所費不貲，我決定回臺灣來修足要求的課。當時輔大允許校友返校選課，我便到母校應用心理系做選讀生，一邊念書一邊工作。當我花了兩年時間把課補完，卻已無心再出國留學，乃決定報考母校哲學所博士班，下定決心走回哲學的路。之前補課印象最深的是，我在應心系修了一門叫「實驗心理學」的課，連實驗共計八學分。有回作感官知覺靈敏性的實驗，一組兩人彼此測試視覺對光線的反應，三個小時下來兩眼昏花、步履蹣跚，總算是體會到當白老鼠的滋味。八○年代時，美國和臺灣的心理學仍然被視為一門嚴謹的行為科學，許多觀點更受到長期位居主流的行為主義影響，劃地自限只看刺激與反應聯結下的行為改變，這使得心理學完全失去了「心」。

　　「行為科學」是美國學術界在一九五○年代用於取代「社會科學」的中性稱呼，因為補助科學研究的財團基金會，常誤將「社會科學」聯想成「社會主義」，而標榜社會主義的共產國家正與財團資本家為敵，補助「社會」研究豈不成了資敵？「行為科學」之說看似中性，其實還是一種偏見。因為外顯行為常來自內在動機，但有動機卻不必然表現出行為；作為行為科學的心

理學，不走進人的內心，又如何從事研究呢？尤有甚者，應用心理學已經發展出各種助人專業，需要的正是將心比心、善體人意，那能停留在行為層面處理問題？不過行為科學出現之前，行為主義已經引領風騷近半個世紀；一套「主義」能夠歷久不衰，必然有其慧見和優勢。標榜行為的原因，不外是追求可觀察的科學客觀性；心理學長期被玄想思辨的哲學所左右，嚮往成為客觀嚴謹的科學並無可厚非。

　　許多人都聽說過有名的巴甫洛夫實驗：將狗餓上一陣，然後給予餵食；在餵食前先搖鈴，不久狗一聞鈴聲便流口水，準備進食了。這種情形大家是不是很熟悉？日常生活中比比皆是。紅綠燈交通號誌、上下課鈴聲或鐘聲、無所不在的監視器等等，使得每一個人的行為都被制約，甚至做出條件化的無意識行為反應。科學家只是用實驗證實了人和狗一樣可以被控制，這套理論被用於教育以及各種規訓活動上，往往相當管用。但人畢竟不是狗啊！人可以講理，可以諄諄善誘，何必只看行為表現呢？好在上世紀後期颳起了後現代大風潮，流風所及，讓各種非主流思想有機會翻身，人文與社會科學所受到的衝擊最大。這也難怪，研究人的學問豈能定於一尊？心理學雖然有科學的一面，對於人的看法卻始終呈現多元風貌，這毋寧是健康的好現象。

心理人——

認知心理

　　從心理面看人，在中國是通過人性論，在西方則交給心理學。心理學的原意是「研究靈魂的學問」，屬於哲學的一支。當一八七九年心理學從哲學獨立而投靠科學之前，經歷了探究靈魂、心靈及意識三個階段；其後「科學的心理學」則先後標榜行為與認知研究，並且強調跟生理學或生物學相輔相成。作為一個以哲學為主要關注，兼習生物學及管理學，目前在教育學系所任教的學者，我對心理學其實一直保持高度的興趣，並且曾經兩度想改行念心理學。持平地看，我認心理學可以當作哲學與生物學交流的平臺，並且對教育和管理活動產生重大影響。如今我站在哲學的外圍邊緣，以其為謀生工具，但不必進入核心，且有餘暇涉獵其他學問，這對我的雜家性格是很好認知途徑，也屬最佳心靈歸宿。

　　認知心理學是上世紀中葉，當電腦逐漸興起以後的新興觀點。科學家發現，單就外在行為看，機器可以模擬人，並且越學越像，終有一天在外表上會不分軒輊；要判別二者的差異，唯有穿透外顯行為，到裏面去找內在的原因。問題是心理學家不願意回頭重走探究靈魂、心靈或意識的哲學老路，於是他們想出了跟行為科學、電腦科學相呼應的認知科學探究方向。拿人腦和電腦做對比，電腦只不過在從事快速的計算，人腦卻不斷在進行複雜的認知。在我看來，心理學從行為走向認知，多

少算是找回一部分的「心」，卻只停留在認知心上，對情意世界仍然鮮少著力。不過這種劃地自限，卻也給了另一批學者廣大的發揮空間，那便是應用心理學領域；尤其是輔導諮商方面，真是百花齊放，百家爭鳴，好不熱鬧！

　　心理學從事認知研究，雖說受到電腦科技日新月異的啟發，卻也具有一定的哲學背景和根源，那便是哲學核心科目之一的「認識論」。認識論又稱「知識論」，是探討人如何知曉事物、知識如何形成的學問。說也奇怪，我自認還算有幾分哲學頭腦，這門課在大學卻念得很辛苦，成績幾乎就在及格邊緣。對此我們不能不對班上一位深具慧根的同學大為折服；只見他上課時坐在教室前方中央，輕鬆聆聽教授的深刻見解，並不時點頭微笑，而其他人則如鴨子聽雷、不知所云。考前大家找這位奇才惡補，結果不少人勉強過關，唯獨他老兄拿九十八分。此事至今我還是覺得有點玄，只能說他和老師的認知是心心相印、圓融無礙，而其他人總有些落差與隔閡。我不知道認知心理學對此作何解？不過我的老同學現在也跟我一樣在靠哲學討生活，這點我們倒沒什麼差別。

心理人——

心理分析

我常跟學生講，人心有三層次：感性、理性、悟性，對照的是三境界：常識、知識、智慧。不少人會跟著感覺走，但這並非全屬壞事，因為它可以豐富我們的常識。然而常識不可盡信，它容易出錯；前人經驗累積形成的知識，才是我們應該虛心學習的。人們從幼稚園讀到大學畢業，十七、八年的學校教育，知識的成分越發濃重，而且還在不斷更新，有些人一想到「生也有涯，知也無涯」就洩氣了。好在生活所需所用，不全然靠瑣碎的知識，慧見的領悟也是重要來源。本書為激發讀者對於生活進行觀想而寫，介紹知識性議題只是方便法門，而非不二法門。讀者朋友藉著文字的橋樑，走進內心深處，發掘自己的生命靈泉，那才是真正的收穫。蔡琴有一首歌喚作「讀你」，若是讀者朋友在讀過我的書之後，開始反身而誠地閱讀你自己，對我而言便是功德一件。

不過人的內心深處，依然存在著一些不可思議甚至難以解讀的內容，由奧地利精神科醫師佛洛伊德所創的心理分析理論與技術，對此進行了深度探索挖掘，也為人類文明開啟新的視野。記得小時候上醫院，看見「精神神經科」五個字便感到害怕，怕裏面藏著神經病人。到現在還常聽到別人罵「神經病」三個字，但我想到的不再是心理失常的病人，反倒是手腳不受控制而抖動的

老人。醫學發展和知識分化，已經把精神病和神經病加以區別。事實上，佛洛伊德在十九世紀所受的乃是神經科訓練；後來醫院添增了精神科的設置，多少跟他的成就有所關聯。佛洛伊德雖然相信心理失常具有生物性原因，但是他後來將心比心、就心談心，發展出一套相當抽象深刻的解心術。由於人們經常「日有所思，夜有所夢」，他的解心術便包括對於夢境的解析。心理分析的貢獻不但在於透視生活，更進一步改變了人們的生活。

心理學最活躍的國家無疑是美國，曾任美國心理學會會長的人本心理學家馬斯洛，區分出美國心理學界的四大勢力：行為主義、心理分析、人本心理學、超個人心理學。馬斯洛本人對後兩大學派的創始曾經做出貢獻，至於心理分析則屬外來勢力本土化。心理分析能夠在行為主義掛帥的美國獨樹一幟，大行其道，反映出學院內外的落差。心理學在學院門牆內進行研究，必須謹守科學客觀性；而在社會上從事診療及諮商服務，則不能無視於人心的複雜性。心理分析自醫療界處理異常心理，刺激了部分心理學家走出學術殿堂，嘗試找出為正常人提供輔導諮商的途徑。如今包括心理分析在內，輔導諮商至少已經開發出十一種操作模式，用以解決現代人生活中的問題與困擾。雖然心理分析往往看見的是異常心理，但是它他所發展出來的讀心術，卻映現出正常心理的廣度與深度。

心理人——

人本心理

　　作為助人專業之一的心理輔導諮商，在美國是一門大事業，在臺灣則方興未艾。只見〈心理師法〉通過後，不少人在忙著考證照以執行專業，但是我有點懷疑，這條路到底走不走得通。洋人重視個人發展並尊重隱私，心裏有事不好找親戚朋友傾吐，尋求專業人員協助反而較放心；華人以家庭為重，雖受西潮影響，卻不情願把「家醜」說給陌生人聽，寧可在親友間發洩，或找信仰上的慰藉。這也是我為什麼主張善用民俗療法，並積極發展倫理哲學咨詢的原因。近年輔導界強烈爭取立法，把「輔導」、「諮商」等辭彙列為專業用語，沒有證照不能擅用；就像「醫療」一辭專屬於醫界，外人隨意使用便算觸法。我看總有一天心理輔導專家會得勝，人心撫慰工作卻不能因此而窄化；轉圜之道即另立名目，從事非專業的服務，我想到的乃是大陸常用的「咨詢」一辭。

　　有關咨詢更詳細的內容，且待後文再講；現在我想談一談咨詢的基本要求，那便是「以人為本」。西方世界為反對以神為本的宗教勢力凌駕於人，發展出「人文主義」思想信念，也稱作「人本主義」。到了近現代，人本主義不單批判宗教當道，更質疑科學掛帥；出現於一九六○年代的「人本心理學運動」，便是對於科學化行為主義盛行的一種反動。人本學派的主張多用於應用

心理學領域，卻經常不見容於主流的科學殿堂。我手邊有一冊一九八三年出版的《柏克萊加州大學概況》，其心理系介紹中特別強調，該系主要在對動物與人進行經驗性的科學研究，凡是對人本心理、輔導諮商等通俗性議題有興趣的人，請申請其他學校。其實在我看來，人本主義相當貼近哲學，既然主流心理學不歡迎它，何不藉此機會回歸哲學陣營，讓彼此攜手合作，共創同樣可以助人的哲學或倫理咨詢。

倫理咨詢在歐美國家確實存在；歐洲主要為發揮「實踐哲學」的功用，美國則提供醫界參考。那是因為有些醫院常常碰到生死攸關的醫療決策，醫師、律師、家屬及當事人都拿不定主意，就去請教以倫理教學為主的哲學家，後來乾脆在醫院裏為他們設置專門職位，就叫「臨床倫理師」。有本書《醫院裡的哲學家》，便是倫理師詹納的現身說法。但我心目中的咨詢比這要廣泛得多，主要落在人生觀的安頓上，需要對人生哲學有研究的人來擔任哲學咨詢。哲學咨詢的目的，便是去發掘現代人潛藏的生活智慧。生活智慧可以從生活知識轉化擴充而來；求知是漸修的功夫，慧見則是頓悟的效果。智慧的花朵並非一蹴可幾，卻可能在不經意中綻放，也就是「開竅」。人本學派如果願意重返哲學園地，或是站在心理學旗幟下與哲學密切合作，則不但能夠為人們「解厄」，更有機會幫大家「開運」。

社會人——

群 學

　　華人相信命運，同時好講「運氣」，這反映出「命」和「運」可視為兩件事；不能改變的部分叫作「命」，可以改善的部分就稱為「運」。但即使是「運」，也不能隨意改變，它裏面還是有一定的「氣」；順著氣勢去走會事半功倍，逆勢而行則徒勞無功。命和運拆開來看，無形中讓人們多了些選擇餘地；「命」是先天條件，「運」屬後天努力，先天與後天相輔相成，人生便有希望。然而這一切都是就個人立場而言，有些情況你想改也無法改，像是社會處境。每回我去大陸訪問交流，遇見跟我年齡相近的學者，聽他們談起文革時期所受的待遇，我便為之沉思良久。「文化大革命」發生於一九六六至七六年的十年間，數千萬人死於這場浩劫，撐著活過來的人也是身心俱傷。算一算我那時才十幾二十歲，還活在「年少不識愁滋味，為賦新詞強說愁」的慘綠少年時代，別人卻早已到田野中去「下放」、「勞改」。這是當時海峽兩岸的社會現狀，我至今才逐漸看清它的景深。

　　我們日常生活的背景正是社會，社會主義國家更將社會中的人，區分出不同的階級，並且強調階級鬥爭。社會有時隱而不顯，讓我們幾乎忘了它的存在；有時又呈現大風大浪之勢，令人終生忘不了它的衝擊。這便是太平日子與動盪時代的差異，社會學家也曾經為此

作過註腳。社會由人群所組成，當社會學在十九世紀自西方傳入中國時，最早的譯名便是「群學」。人群不能像一盤散沙般互不相關，至少要具備一些聯繫的因素，如「華人社會」指民族、「中國社會」指國家、「黑社會」指黑道；但後者不免讓我聯想起結合「尚黑」二字的「黨」。從社會面看人，人構成社會的組成分子；不同的人藉著不同的社會分工，彼此養活對方。像我身為教師，不會作飯、不會修車、不會蓋房子，只好放心地把這些事交給別人處理，而我則負責教好別人的孩子。作為社會一分子，我們起碼希望無所匱乏、無有恐怖。

「社」原指土地神，「會」是聚集之意；在神廟前群聚以祈福，是古代農業社會的特徵，其中不乏信仰的作用。源自佛教的「信仰」一辭，常常跟宗教團體相涉。西方社會長期處於政教合一情況下，宗教力量帶有強制性，影響面既廣且深；中國社會雖然存在有佛教、道教等宗教團體，朝廷也各有所偏重，不過宗教信仰主要還是個人或家族的事，反倒是儒家人生信念深入人心。社會學不同於心理學，非由哲學分出，卻為哲學家所創。十九世紀初，法國哲學家孔德心儀科學的實證真理，不但揭示實證主義道路，更模仿自然物理學創立社會物理學，後來定名為「社會學」。社會學將人類社會分成神學、哲學、科學等階段，希望能通過科學研究找出社會規律，進而加以有效管理。如今研究群體的社會學，和研究個體的心理學，以及研究族群的人類學，被視為組成「行為科學」的基本學科。

社會人——

社會科學

「行為科學」一度被美國人拿來代替「社會科學」之說，以免與「社會主義」混淆不清，如今則見兩種名稱並存或連用。至於歐洲學界則存在著另外一種提法，那便是將人文與社會兩方面的學問視為一體，稱作「人文社會科學」或「精神科學」。簡言之，歐洲可見到自然科學與人文社會科學的二分法，美國則將知識至少分出自然科學、社會科學、人文學三大領域。臺灣追隨美國的分類法，但一牽涉到研究經費的分配補助，自然科學立刻再細分為理科、工科、醫科等來分錢，人文學則與社會科學又歸併在一道，此誠可謂「錢由心生，心隨境轉」。我是哲學學者，列入社會科學院教育研究所的師資，除了講授帶有哲學味的「教育哲學」、「生命教育」等課外，近年還意外接下一門「質性研究方法」，講社會科學裏一種較貼近哲學的研究方法，這使我有機會反思社會科學與哲學的關係。

要擁有智慧得先接受知識的洗禮，這便是我們花了十幾年到學校裏上課求知的目的。年輕人大多嚮往學以致用，像我服務的學校銘傳大學，係由商專和管理學院一路改制升格上來，辦學原本就具有相當濃厚的實用取向，連我們的中文系都加上「應用」二字，成為「應用中國文學系」，堪稱全球唯一。相形之下，我的母校輔仁大學，因為背負著深遠的天主教傳統，講究教會經院

式治學之道，相當看重哲學，連現任校長黎建球教授都屬哲學出身，是比我高十班的第一屆畢業學長。大學為傳授知識的最高殿堂，知識有人文和科學之分，也有純理與應用之別；而無論是抽象性的議論，或是生活化的課題，在大學裏都有人研究。我個人傾向通過知識學習和探究，用以改善生活；雖然念的是相當抽象的哲學，卻不斷嘗試把它應用到現實生活中，這便是「應用哲學」的途徑。

我於過去數年出版的論著中，至少有三種標榜著「華人應用哲學取向」，以表明我的寫作立場。在章節內會進行「意義詮釋」，這便是質性方法的主要精神。我的專書和論文都屬於人文學而非社會科學。社會科學自十九世紀形成後，始終以自然科學為榜樣，盡量採取量化的科學方法從事研究，其中以經濟學發展出各種數學模式做得最為成功，並成功地樹立了一門較新的諾貝爾獎項。至於其他學門，也在不斷使用問卷調查和統計分析，將人們的各種意見轉變成數字來處理，從而形成以人們趨勢看法為主的蓋然性知識；一切皆由機率顯示，真正的生活內容，卻始終看不見、摸不著。終於有人不耐，開始想辦法去發現具體真實的問題，透過不同方式的研究，以詮釋其中意義。哲學性的詮釋方法，發展出另類的科學探究途徑，是上個世紀後半葉人類知識的重大轉向，從此科學也更貼近生活。

社會人——

社會化

　　近六年來我都在教育系所任教，經常開口「課程」、閉口「教學」的，雖然越講越順，但是非教育本行出身的我，總覺得有些心虛。為了給自己補課，我花工夫讀了許多書；甚至把我的自學心得，寫成一本十萬字專書《教育學是什麼》。我曾經讀到杜威的名言「教育即生活」，跟我想像的「哲學即生活」理想有所呼應，卻不一定符合現實情況。在我成長的時代裏，考試引導教學是天經地義，學生也馴服在升學主義的潮流下，徹底社會化為一部部考試機器；至於「拒絕聯考」之類作法，則被視為反社會的另類行徑。在此洪流中，我幾乎每考必與。當時還沒有國中，我從初中考起，然後高中、五專、三專、大學、碩士班、博士班等，一路考到底。記得三十四歲時，拿到博士學位當天，竟然油生一股失落感，不知人生何去何從，顯然是中毒已深。

　　社會學有一派稱為「功能論」，認為教育的意義便是使學生逐步社會化，以符合主流社會的價值；與此相對的觀點則是「衝突論」，主張教學生培養清明的意識，不要被馴化做順民。問題是中學以下多為公立學校，勢必遵循官方意識型態辦學，很難有機會教導學生養成批判能力。到了上大學，心智較為成熟，卻碰上人浮於事的就業壓力，一心想要學以致用，這又算另一種社會化歷程。社會化到底好不好？在我看來，它其實也

並非是在麻醉人心，而只是在製造穩定，當然就多少會犧牲掉一些個性化的事物。現代社會裏最希望追求穩定的一群，就是像我這樣的中產階級；其人生觀相對保守，卻不失為一股維繫社會安定的力量。我說過自己選擇讀文科，便已經脫離了念理工、學法政或讀商管的主流價值；但是走到受人尊敬的大學教授這一步，似乎又接近主流的人生道路。不過我的心境和行徑始終維持著邊緣性，這或許能夠讓我持續發人所未發。

當人們對社會現狀感到不滿，有兩條路可以尋求改變，一是改革，另一則為革命。放眼看天下，臺灣甚至大陸，都不太有革命的條件，剩下彷彿只有改革一途。大陸的改革開放實施近三十年，確實造成一部分地區經濟起飛，卻更凸顯其他地區的落後，以及隨之而來的貧富差距。臺灣這三十年來推行的是政治改革，民主開放之餘，統獨問題所造成的族群對立心態卻益形加深。兩岸政府都希望自己的人民通過社會化而支持國家政策，於是大陸喊出「和諧社會」，臺灣則不斷強調自身的「主體性」。至於老百姓這方面呢？生活安定富足、社會自由繁榮，相信才是第一考量。當我坐在這兒書寫對於生活觀想的心得時，並非空中樓閣、不著邊際，而必須有所烘托和依恃，那即是人們的心之所嚮。年歲日長，我益發傾向追求精神生活，也希望在自己生活的社會中能夠遂願，如是而已。

社會人——

社會發展

一九八八年一月底，我拿到正宗的「哲學博士」學位，輕鬆快樂地過了一個新年，然後開始為下半輩子安身立命，找尋最適當的位置。那時我年近三十五歲，結婚還不到三年，太太是小公務員；我們沒打算生小孩，她有意辭掉工作，回學校繼續進修自己喜歡的藝術與設計。我很感激在太太的經濟支持下，能夠心無旁騖地全力讀博士班及寫論文，讓我以三年半的精簡時間完成學業。看別人帶職帶薪、養家活口地念學位，一拼就是七、八年，我算是幸運的了。因此我心想，畢業前太太工作持家，令我無後顧之憂；畢業後我一定要謀得穩定教職，讓她有機會實現求學理想。過完年我把履歷表到處投遞，卻都石沉大海。這時候我的博士班所長打電話問我，有沒有興趣去香港一間小型書院教哲學？我幾乎就此決定跨海謀生去，甚至買了兩卷粵語錄音帶自修，但是終因那邊住房問題得不著解決而作罷。眼前既然無法安家，又怎能談長久的立命呢？

就在青黃不接、坐擁愁城之際，我現在服務學校的前身銘傳商專找上了我。這是唯一回應我寄出履歷的學校，我立刻奔赴上山接受面談。學校位於臺北士林的校區山勢甚陡，當天我走進人事室的時候，竟然一時喘得說不出話來。好在副校長和校長兩位高階主管的面談，分別安排在上、下午；中午我到福利社買了一個麵包果

腹，卻省去上下奔波之苦。應詢時彼此相談甚歡，且跟老校長包德明女士頗為投緣；她老人家決定錄用我，很有誠意地三天後便把副教授聘書寄達。當時才四月下旬，距離開學還有四個多月。時間一晃十九年過去了，目前我還在這所學校服務。包校長明年即將滿百秩，近日有機會為她立傳，出版《永遠的包校長》一書，是我的莫大榮幸。而我作為大專教師的生涯歷程，其實是與自己身處的社會同步發展的。近二十年間，社會價值日趨多元，打破許多既有窠臼與壁壘，讓我這個喜作另類思考的哲學邊緣人，有了奇妙的發揮空間。

像我現在經手的生死學、殯葬學、生命教育等題材，都是社會發展到一定階段才會出現的論述。而在過去二十年間，我還觀察到一個有趣現象。記得我接下銘傳聘書，學校問我能教什麼，我說哲學和國文。那時專科沒有哲學課，好在我服役時在軍校當教官，教了一年多的高職程度國文課，於是就排我到五專教國文。但我畢竟非中文系出身，不可能全教國文；為了補足授課時數，又排我到三專夜間部去教國父思想。說來大家可能不相信，頭一年我便教到一名人高馬大的陽光女孩陳燕萍，有天她來請教我如何寫自傳，沒想到她竟以此去報名選拔中國小姐，並且榮膺后冠。教育部原本規定各級學校的主義及思想課，只有三民主義研究所畢業生才可以教，我這算是夾縫中求生存。不料十幾年後，三研所紛紛改名為「國家發展研究所」，連大陸高校的馬列主義研究所也改稱「社會發展研究所」；兩岸不約而同卻有志一同，倒真的見證了中華民族的社會發展啊！

社會人——

社會主義

一九九三年七月的暑假間，我跟隨高雄中山大學中山學術研究所師生一行十餘人，去大陸東北吉林大學開會，會後吉大派車招待我們旅遊，由長春先往東上長白山，回頭往西到內蒙邊境看丹頂鶴，再往北把我們送到黑龍江的哈爾濱才分手，真是一番盛情！這一路上接待我們的單位和人員，不是地方人民政府，便是第一把手的黨委書記。還記得上長白山前一天晚上，住在山腳下一個小小的朝鮮族自治縣裏。該縣城地處白山黑水老林間，生活落後，人民卻極為熱情。當時縣委請大夥兒吃狗肉，來客面面相覷，顧左右而言他。主人幾杯白酒下肚，吐出一句驚人之語：「你們害怕我這個共匪，所以不敢吃？」害得大家只好拿起筷子，免得再挨「共匪」批鬥。這是我頭一次接觸到共黨幹部，四十年反共教育的影響，仍在腦海揮之不去，我們只能含糊以對地猛乾杯了。倒是我的一番話，讓書記大人相當得意；我說你這個縣城雖然小，但在臺北市的名氣卻屬第一，因為我們有條最寬最大的馬路，名字就叫「敦化」。

一九九二年九月初，我跟同學到香港觀光，同時前往深圳作半日遊，這是生平頭一次踏上大陸領土。在羅湖口岸入關時，心中混雜著期待好奇與忐忑不安；因為從小被灌輸的反共教條，如今即將親身印證。只是結果太讓我吃驚了！因為通過關卡，閘門一開時，映現在

我面前的，竟是一個幾乎跟香港一模一樣的現代化大城市。我是搭香港地鐵經過新界到羅湖口岸，本以為進入廣東省還得搭車才抵深圳，沒想到它就緊鄰著香港邊界，僅一河之隔。後來我才知道，一九六〇年代大逃亡潮時，有不少人死在羅湖河中，但如今它卻是一個無比繁榮的通商口岸。記得我在入關前，有人問我願不願接受付費，幫他帶所謂「三大件、五小件」民生必需品過關。我雖然沒有做這件遊走法律邊緣的事，卻深深體會到社會主義國家在向市場經濟過渡時，所遭逢的青黃不接窘境。

　　當年外地人進大陸只能用外匯券，但用起來沒有人民幣方便；後來我想到拿身上的港幣換人民幣，有一名餐廳服務小姐聞之相當興奮，立刻去湊錢跟我兌換。那天我跟同學點了滿桌子菜，花去四十三元，找零七元再湊上三元，平均分給五個服務員一人兩元小費，她們吃驚得連謝謝都忘記說，就一溜煙似地跑光了。經濟轉軌期間，什麼都是新鮮事，讓外地人大開眼界。大陸改革開放至今近三十年，標榜「中國特色社會主義」的社會，有些地方比臺灣還進步繁榮，但落後之處也令人吃驚。一九九四年十月初，我隨包校長赴北京開會，在天安門廣場前看見大幅孫中山遺像，原來大陸國慶也有孫先生一份，而他是以社會主義「革命先行者」的身分登上舞臺的。猶記三民主義教我們，民生主義便是社會主義；如今臺灣已不談三民主義，大陸仍堅持社會主義。兩岸人民的生活息息相關，命運糾纏聯繫，卻又不時呈現對立緊張的關係，這又該拿何種主義來解套呢？

倫理人——

西洋與中國

　　人作為社會一分子的觀念源自西方，而且是相當晚近之事；相形之下，把人視為倫理關係的起點，則為華人世界所熟知，並且源遠流長。儒家思想十分看重倫常關係，「五倫」之說的影響就相當深遠，至今未衰。一般人多把倫理與道德視為同一件事，而西方的倫理學也就是道德哲學；但是如果把兩者稍加區隔，則可以看出更多意義。簡單地說，道德主要指德性的體現，不一定要針對人，例如不攀折花木、不虐待動物、不亂丟垃圾等皆屬之；而倫理除了為道德賦與意義外，大多指向人際相處之道。這種區隔比較接近華人觀點，西方觀點則另有重心。西方人喜談倫理原則，不同的人實踐相同的原則，歸於異中求同；中國人好講人倫關係，同一個人面對關係不同的人，必須用不同的對待方式，此乃同中存異。

　　由於你我皆生活在華人世界，所以我們要採取中華文化的本土觀點來考察並改善人際關係；但是因為現代人已深受西方文化影響，所以外來觀點也應多予參考。對於像倫理關係和道德實踐這類議題的主體反思與學理探究，我主張「中體外用」，意即「中學為體、外學為用」。「中體外用」屬於後殖民論述，與百餘年前「中體西用」之說的次殖民論述大異其趣。當時中國人在西洋人船堅炮利的侵略下一敗塗地，有識之士只好以

強化心理建設來度過難關，「中學為體」成為自我安慰之辭。如今中國已經和平崛起，面對包括東西方各種外來文化，正以「全球化」之名不斷滲入華人世界，適時揭示本土文化主體性，無疑有振聾啟聵的意義。科學或許無國界，人文學問卻以民族文化為貴。我不是提倡盲目的民族文化主義，但是一味地以西方觀點來看本土問題，卻可能不相應。

　　舉例來說，洋人的孩子長大成人後，自由戀愛要嫁誰娶誰，父母只有祝福的份，不得干涉；華人子女論及婚嫁，卻絕非兩個人的事，而是兩家人的事。還有絕症患者病重送進醫院，當事人預立指示，不接受痛苦的療程而選擇平安地走，醫師卻拗不過家屬請求予以急救，讓病人痛不欲生、含恨以終。這些都是經常發生在我們身邊的現象，它們反映出華人的倫理要求，有些的確不盡合理，我們卻必須有所把握。以上述兩例來看，華人欠缺的是尊重他人意願的修養，這就是西方倫理學基本原則之一的「自律」。改善之道不是拿原則硬往人們頭上套，而是要透過教育；知性的「講理」和感性的「抒情」，都是教育的適當手段。自律原則的用處甚廣，選賢與能也以此準，從而構成民主政治的基石。儒家把政治視為倫理的延伸，從修身、齊家可以走到治國、平天下；我們既然採用西式民主，就有必要學學人家的倫理觀。

倫理人——

正義與關懷

「中體外用」是不忘本，而非頑固地堅持己見；外來文化值得我們學習的，一定不能放棄。從倫理面看人，我們不能一上來就學西方套用原則，而是得從中華文化下的倫常關係觀察起。西方人不講究人間的五倫，卻相當看重人與上帝的天人關係。中國人早先也談論超越的天，後來卻越發重視內在的良知，從而對焦於此岸人間，不多想超性之事。這是典型的現世主義，儒家和道家都很重視；只有外來的佛家，才以輪迴觀處理死後生命，但那畢竟不是中國人原有的思想。為了正本清源、推陳出新，我在反思現代人的生活智慧時，把時空脈絡定位在以兩岸為主的現代華人社會，思想根源則以中華本土文化為依歸。一旦確定我們的立足點，便可以海闊天空地運用中外各種思想及文化資源，而不致無視於我們生活的根。瞭解此點，我便要開始討論倫理議題了。

先說些自己的體驗。我的專門知識養成教育是十分西化的，到天主教輔仁大學念了十年哲學，在大學裏教書將近二十三年，吸收和傳授的全為西方學問，碩士、博士、教授論文寫的都是最新的科學哲學。但是就在做學問的過程中，有一種思潮影響並且改變了我的思路和作為，那便是「女性主義」。我因為偶然到護理專校兼課，接觸到護理哲學。絕大多數為女性的護理人員，其

人力資源幾乎佔了衛生保健人力的一半，卻大多屈居於組織金字塔的底層，被高高在上的男性醫療人員宰制和剝削。為了提升本身的專業地位，護理界努力發展教育，並不斷建構屬於自己的獨到知識。她們採用女性主義觀點，發現護理應該以陰柔的「關懷／照顧」為核心價值，以相對於陽剛的「醫療／治癒」的醫學思維。這是一種「意識覺醒」，對我深有啟發。

　　護理學所援引的新思想為關懷倫理學，是一九八〇年代由兩位美國女性主義學者姬莉根與諾丁各自創立的。她們的主要貢獻，是顛覆了西方世界千百年來以「公平／正義」為基本考量的倫理思想，代之以「關懷／照顧」的考量。打個比方，十個蘋果五人分，男生不作他想，便決定一人兩個；女生卻可能考慮是不是有人需要補充營養，不妨把自己的一個多分給他或她。前者是基於抽象原則，後者卻考量現實脈絡；此乃「脈絡主義」對「原則主義」之爭，也是女性意識向男性價值的挑戰。倫理學係探討人際相處之道的學問，理當考慮性別因素，過去卻長期忽略它。就像我們長期接受西式教育，相信科學真理，竟然連人文價值也以西方文化為標竿，卻忘記傳統之中仍然擁有菁華。當然華人還是知道四維八德之類教訓，但不見得瞭解其中深意。因此要想反思自己作為倫理人的意義，還是得全面涉獵倫理學。

倫理人——

企業倫理

　　倫理學有中國與西方之分，西方倫理學又有基本與應用之別；談論現代人的生活智慧，跟人的倫理及精神方面關聯最密切，因此有必要多介紹一些倫理學。中國倫理學以儒家思想為顯學，大家多少都在學校念過，其義理留到精神議題時再談，現在先為讀者朋友引介一般不太熟悉的「應用倫理學」。事實上，倫理學作為哲學的重要分支，原本即有很強的實踐應用取向；西方哲學自古便追求真、善、美；哲學分支之一倫理學的作用，即是教人如何行善避惡。奈何後世哲學家好談玄說理，到了二十世紀，竟然把倫理學變成學院內的語言文字遊戲，盡在咬文嚼字，與實際人生完全脫節。後來終於有人不耐，想回到真正棘手的問題上去尋求解決之道，最常見的便是醫療中的生死抉擇。原本討論醫師道德的醫學倫理，逐漸引起關心生活的哲學家之興趣，也造成倫理學的再生。一九八二年有一篇題為〈醫學如何挽救了倫理學命脈〉的論文，一針見血指出重點。

　　解決實際問題的倫理分析，被歸結為「應用倫理學」，而跟傾向討論道德原則的「基本倫理學」相別。如今應用倫理學主要探討三方面的議題：生物醫護方面的「生命倫理」、生態保育方面的「環境倫理」，以及組織管理方面的「企業倫理」；由於現代人大多在各種型態的組織中生活，我們就先從企業倫理講起。企業以

營利為目的，因此需要經營管理，以適當分配資源、創造利潤；管理學術主要就是從「企業組織」中發展出來的。有些人不在公司行號上班，而是當軍公教人員；這些「政府組織」不營利，過去多談行政少論管理。行政傾向照規矩辦事，不見得要求管理績效，因此過去公家機關常予人老大之感。近年政府落實為民服務，首先要替納稅人省錢，於是也開始講求效率，公共行政遂演進成公共事務管理。目前公部門正在努力學習私部門的管理之道，以強化服務，樹立口碑。

　　如今於公部門之外，還出現「非營利組織」的第三部門；但無論如何，組織管理的方式總是大同小異，而遭逢的倫理問題也有相通之處。「企業倫理」指的是組織內部有些事情該做或不該做的道德判斷；像企業組織作假帳、製造黑心產品等，政府部門誇大政績、官商勾結等，都可以拿來進行倫理分析，並將結論提供主管機關參考。像我去年參與審查的一篇碩士論文，洋洋灑灑分析修建高鐵的利弊得失；口試當天，剛好碰上高鐵試營運狀況頻傳，我們三個口考老師一致建議，將論文修改完成後，寄給高鐵局參考，看看他們有何回應。我想區區一篇哲學論文，也許得不著在位者重視，但是把它當成文章拿到報紙發表，形成輿論壓力，也許就有人會聆聽了。我曾在致理技術學院企管系兼課，教了四年「企業倫理與職業道德」，發覺不斷對學生進行相關教育，也是一條可行途徑。

倫理人——

環境倫理

　　應用倫理的三大面向，分別反映出人的三種關切：
「環境倫理」代表對自然的關切、「企業倫理」指向社
會公義，而「生命倫理」則體現人本精神。中國文化自
古便講「順天應人」，古代「天」的概念，在儒家看來
意味著道德根源，在道家則以之為自然大化。華人社會
以儒家思想為主流，甚至為統治者所喜；至於道家多被
視為主流之外的清談高論，屬於閒雲野鶴之議。記得有
一年在臺北舉辦了一場「國際孔學會議」，以國家圖書
館為會場，冠蓋雲集，排場甚大，並由教育部長宣讀總
統蔣經國的賀辭。就在同一天，另一場「國際道學會
議」也選在臺灣師範大學舉辦，邀請副總統李登輝到場
致辭，其後還有蔣緯國將軍的演講。那天我覺得儒家
的議論未見新意，倒是老將軍的太極陰陽戰略觀，以及
副總統從農業專家立場大談環境生態保育，頗能發人深
省。

　　二○○五年初，我隨團去江西南昌開會，會後在
贛北一帶旅遊，到了廬山、九江、景德鎮和龍虎山；廬
山雪後放晴一片清新、九江是我的籍貫故鄉卻僅得半日
閒、陶瓷之都所產極品大多外流，而道教發源地則讓我
印象深刻。龍虎山有一座天師府，依曲阜孔府格局而建
但稍小，牆上同樣鑲有五爪金龍。五爪金龍在中國是
皇家圖騰，民間不得擅仿，否則大刑伺候；然而也有例

外，孔府和天師府便屬之。原來此二府第，分別為儒家與道教始祖的後人官邸；儒道二者幾可視為中國國教，其後代為官均得世襲，且與皇帝一般受人崇敬。歷史上諸多家天下，卻不敵改朝換代；反倒是儒道二教之後，代代相傳至今。當我在天師府看見魯迅所提「中國根柢全在道教」八個大字，的確心有戚戚焉。道教源出道家，雖然發展各異，但卻有跡可循。要探討華人的環境倫理，與其向儒家傳統求緣，不如先通過對於道教活動的考察，再回溯到對於道家思想的爬梳，也許會來得更有收穫。

環境倫理要想受到重視，首先必須打破「人類中心主義」的迷思，也就是避免把人始終擺在一切考量的核心。人類站在自身立場去看問題，當然無可厚非；但是不能把問題的解答，同樣訴求自身利益，而必須考慮是否與外在環境相容。人既無逃於天地之間，就該學會如何頂天立地，而非破壞天地。平心而論，中國傳統思想多半提倡敬天、順天，反倒是西方科學技術主張戡天，也就是征服大自然。環境倫理學正是一些西方有識之士，在面臨科技斲喪自然之際的反思所得。然而倫理學家的話，不見得能夠影響大局，要轉變成公共政策才行。許多公共政策的決定，都操在科技專家之手；要他們顧全大局而非一隅之見，只有通過倫理教育。目前讓學管理的人修企業倫理、學理工的人上環境倫理、學醫護的人念生命倫理，正是應用倫理學的主要應用之處；而對一般人而言，這些也是開闊視野心胸的實用常識。

倫理人──

生命倫理

　　應用倫理學在一九八○年代應運而生，多少是受到之前醫療科技為解決疑難雜症，希望在知識上有所突破，不料卻帶來更多價值方面的倫理困局所影響。「倫理」在華人社會是指人際關係應當如何處理，在西方社會則指判斷某些事情該不該做。醫學進步所帶來的倫理問題，竟然是一個人該不該活，或者該不該死。一九七五年美國有一名大學女生昆蘭，用酒嗑藥導致昏睡不醒，偏偏救護車過門不入錯過急救黃金時間，讓她變成重度昏迷，必須靠機器維生。一年後父母見女兒復原無望，乃上法院請求判決讓她自然死，法官也作成判決拔掉維生器材；結果一拔卻發覺她能夠自主呼吸，只好依植物人狀態繼續餵養。而她後來又多存活了九年，直到八五年才衰竭去世。這便是生命倫理學的經典案例，任何一本相關書籍都會提及昆蘭。只可惜沒人注意到在臺灣一躺至今四十四年的王曉民，她已打破植物人存活的世界記錄，值得用生命倫理觀點認真反思，以尋求改善之道。

　　生命倫理的前身為醫學倫理，醫學倫理早在古希臘的西方醫學之父希波克拉底提出〈醫師誓言〉時就已存在。到十九世紀初，有位英國醫師寫出第一本《醫學倫理學》專書，主要討論醫師道德，亦即教導醫師該如何有為有守，無過與不及。直到二十世紀七○年代，病人

在科技支配下的生死困境，引起了學者專家及社會大眾的注意，有人便開始尋求立法改善。此外生物科技的發展，也帶來其他倫理問題，不完全屬於醫療護理、衛生保健的範圍，於是較醫學倫理涵蓋更廣泛的生命倫理，遂成為應用倫理學的基本探究課題。在臺灣，醫學生必修醫學倫理學，護生要上護理倫理學，連生物系或生命科學系的學生都有機會念生命倫理學；這種人文與科學對話的努力，若能持續為之，對民生福祉不無助益。近年還有一項生命倫理議題受到重視，那便是醫療資源分配的問題。當全民健保連年虧損，人們就應該慎重考慮開源節流，以免得不償失。

應用倫理學發展至今還不到四分之一個世紀，卻不斷出現「原則主義」與「脈絡主義」的爭議；前者強調依原則辦事，後者卻主張看情況而定，二者的爭論在生命倫理問題中最為常見。平心而論，任何倫理考量都不應違反大原則，或無視於脈絡。原則是眾人心之所嚮凝聚而得，做人不能沒有原則；但是原則的使用也必須考量現實情況，否則便成為宰制人心的框架。為了讓原則和脈絡相輔相成、互利共榮，我建議以「大處著眼，小處著手」作為參考依據。也就是說政策面盡量依據原則，秉公無私處理；執行面需要考量脈絡，允許個別差異。像衛生政策可以遵循基本倫理原則，但不要把條件定死，而留給執行人員一些轉圜餘地。原則不是法律，原則訴求的是人們的道德良知；作為倫理人，我們固然要守法，但也不能忘記對人講理和關愛。社會上情理法兼顧，人們的生活才有希望。

精神人——

基督宗教

　　撰寫這本以哲理散文為表達形式，呈現我自己對於生活觀點的小書，其實只是抒發一個大學教師平淡無奇的生活體驗。但我自認持續在從事人生思考，並且以此為業。因此我樂於分享所見所聞、所思所感，希望在平凡中見真章，同時觸發讀者自己的想法與感受。回想自己當老師的經歷：碩士班畢業前在學校教洋人講華語，雖然僅有三個月，卻領到生平第一筆薪水；服役時先下部隊，因為考上教官，重新分發到軍校教常備士官生，時間一年又三個月；退伍後做了三年多的事，其間還到美國進修三個月，終於下決心回母校讀博士班，從此展開我的大學教師生涯，至今二十二年半，算一算總共教了二十四年書。過去我長期讀書教書，近年開始為文以載道、著書以立說。這是我作為讀書人的精神體現，至於不朽與否，並非我的關注。

　　二○○三年八月底，我去成都四川大學短期講學，在城中遊歷時，走進杜甫草堂讓我感觸最深。草堂門口佇立了一座詩聖雕像，憂鬱的面龐和清癯的身影，彷彿背負了所有人間苦難；他也的確在顛沛流離中，五十八歲便病逝於舟船之上。書寫是他唯一的人生見證；四千餘首詩作，留傳至今上千首，卻翻譯成八十幾種文字，在人間迴盪，這便是不朽！同樣道理，三十歲就以身殉道的耶穌基督，以祂對宗教信仰的智慧光芒，照亮全世

界及人心；在昇天兩千年後，地球上六十七億人口中，有三分之一誠心接受祂的教誨，這也是精神不朽！如果用象徵的說法表示，我同意「精神不朽」即「靈魂不滅」。精神不朽可以嚮往，但無法刻意追求；追求不朽的人頂多有可能出名，但也許是千古臭名。我認為有一種可行方式，那就是見賢思齊；用古聖先賢立身行道事蹟作為楷模標準，然後身體力行。

今日人們的生活智慧可以通過宗教信仰、民俗信仰或人生信念醞釀形成。基督宗教在世界上造就了許多哲學家、宗教家，他們都是人類的精神導師。小時候我常到巷口的教會去讀經唱詩、喝牛奶吃餅乾，長大後才知道那是英國國教的聖公會教堂。讀中學時還維持到學校團契聚會聽福音的習慣，總覺得高聳的教堂充滿莊嚴肅穆之感。大學在天主教學校念了十年哲學，很自然地接觸到神職人員和深刻教義，對西方文明的根源有著進一步的瞭解。但是我始終沒有成為基督徒或天主教友，雖然有一天我意外地在主內弟兄姐妹面前，做了二十五分鐘的真心見證。依照我對終極情境的好奇與關注，我可以稱為基督信仰的「望教友」。然而一股揮之不去的民族文化情感，總讓我嚮往更親近的華人精神歸宿，不過我依然感受到上主的光照無所不在。

精神人——

佛教

　　我習慣在人群中湊熱鬧，內心卻始終嚮往獨來獨往。我一直未下決心信教，是因為我選擇了哲學；後來雖然皈依具有哲學味道的佛教，卻從未認同任何教團。我信佛教是為了還願，感謝父親把我帶進這個世界，並且鼓勵我去念哲學。與民國同庚的父親鈕先銘將軍，十四歲便東渡日本，先學師範後習軍事，二十歲返國入伍從軍，五十三歲以少將官階退伍除役。他年輕時風雲際會碰上八年抗戰，並且因為守衛南京城而親歷大屠殺，所幸避難寺院內，受佛祖與僧人保佑躲過一劫，日後始有我的出生。為著這層因緣，我對佛教始終抱持好感；加上哲學學長及同道慫恿，才會先後參與兩所佛教學院的籌設，並規劃哲學系及宗教學研究所，且創辦生死學研究所。但就像我對基督宗教的態度一般，最終我還是選擇作自了漢，不願成為教團中人。我景仰耶穌基督和世尊佛祖的偉大人格和不朽精神，這便是我的宗教信仰觀。

　　生活智慧必須由生死智慧烘托，方能展現其廣度與深度；後者瞭解死之奧義，前者體現生之光輝。生與死並不能也不應等量齊觀；有生便非死，至死即無生。作為生者，看見曾為生者的人死去，我領悟出生是歷程、死為終點，有始有終是幸而非不幸。人生有許多沉重的責任和負擔，一旦死亡就要統統放下，所以死亡乃是讓

生感到輕鬆的事，奈何人們皆以其沉重而不願就。我不主張為追求輕鬆解脫而自殺，這是對生活與死亡的雙重誤解；但我認為人們理當學得「輕死重生」，也就是把注意力集中在當下此生，對於生前死後的事不必太掛心。佛教講輪迴轉世，與其視為真實歷程，不如看成具有美感成分的嚮往。比方說過去印度下層種性有些人活得太辛苦，選擇一死以早日奔向來生，這是值得同情的壯美之舉，卻不值得現代人學習。

佛教希望人們在此生多做功德，是勸人當下為善；至於為來世造善業，則屬附加價值。如果我們將窄化的個人來世觀，擴充視為廣義的人類子孫後代，我一定支持這樣的看法。不造惡業的目的，不必是怕自己變畜生、做惡鬼、下地獄，而是留給後代一個適於生存的地球。有人問我相不相信三世觀，我答以「願意相信」。因為一生一世不免孤單，有了前世可以讓我「感恩」，活在現世應該懂得「惜福」，牽掛來世則盡量「積德」。這些道理很好理解，完全沒有一絲神秘聯繫。宗教信仰最重要的特徵為歸依或皈依，亦即選擇通過儀式加入教團；無論是基督宗教或佛教，都有加入教團的要求，否則就不能稱信。我一度選擇信教，純粹是為還願，並非認同教團。教團自認是神聖的代言人，但本身並不見得神聖；我情願活在宗教邊緣的世俗當中，因為如此一來，我才得以對教團中人「敬而遠之」。

精神人——

道教

我教書多年，最有意思的一段時光，是生活在一所佛教學院裏，在一位深具道教性格的校長領導下，經常大碗喝酒、大塊吃肉，卻能弦歌不絕、為學不輟，這大概是空前絕後了。在我任教於該校期間，附近一所寺院發生事端，新聞甚至登上國際媒體。事情是這樣子的：臺灣鄉間流行還願蓋廟，供奉神明以庇佑鄉土子孫，一旦廟產擴充後，就需要成立董事會加以管理。有一間鄉間廟宇香火鼎盛，但執事者覺得管理費事，便議決交給一批出家人代理。不料這群出家人精明能幹，竟將廟產過戶並改為寺院清修之地，引來地方人士反彈，卻無力回天。其後衝突漸起，鄉民殺豬宰羊要辦廟會，出家人卻將山門深鎖拒客，於是前者用大喇叭擾人清夢，後者則一心念佛與之抗爭，最後動員警力並由民代出面才化解糾紛，卻為當代佛道相爭記上一筆。

佛道二教在中國自古便彼此相爭，然後分分合合，至今仍不免存在著幾分張力。話說佛教自西漢時期傳入中國，至魏晉逐漸興盛，僧團組織受到皇室支持勢力龐大，南朝甚至有皇帝多次出家。這種政教親近的關係，不免引來其他信仰人士的疑懼。佛教由印度傳入，嚴密的僧團制度是其特色；為對抗外來勢力入侵，傳統鬼神信徒和數術方士，遂模仿佛教以成立教團來結合各方力量，道教由是興起。東漢魏晉以後的一千八百年，佛道

二教相互消長，其中又以唐代最富戲劇性。我有回在成都郊外青城山遊覽，此山以道觀林立而聞名，但我在一間道觀前看見的碑文，則記載著此觀在唐代係由佛寺轉手而得。因為古代不管是寺院還是宮觀，都擁有大片田畝租借給百姓耕作，無論和尚或道士全部是大地主，佛道相爭的目的竟然是爭地產，其世俗性可見一斑。

　　佛教講究出世清修，如果像企業組織一樣經營寺院，便屬世俗化作法，在臺灣多稱作「人間佛教」。相形之下，道教從一開始就走世俗化路線，因此我把道教視為民俗信仰而非宗教信仰；何況人們到廟裏燒香拜神，只講究心誠則靈，未見皈依受戒的要求，因此善男信女的人數遠遠多過佛教徒。再說臺灣在地信仰多流於佛道雜糅，形式上已不易也無需區分，此尤以殯葬禮儀為甚。據內政部統計，臺灣人辦喪事以道教形式的六成最多，純佛教儀式佔三成，其他宗教一成。世俗性的道教也相當生活化，它追求長生不死，所以沒有死後生命的困擾；雖然人終不免一死，但是道教思想卻促進了人們對於養生之道的重視。至於鬼神信仰把各種具有特出事蹟的人抬舉為神明，納入廟中供凡夫俗子頂禮膜拜，也是頗具親和力的作法。難怪道教在華人世界盛行不衰，足以與外來的佛教分庭抗禮。

精神人——

儒 家

依照「一體五面向人學模式」去觀照人的生活，值得關注的重點有五，亦即人的生物機能、心理狀態、社會角色、倫理關係、以及精神境界。「精神性」也稱為「靈性」，目前普通高中「生命教育類」選修課程的八科裏，有「人格統整與靈性發展」一科，講的就是如何從較低的心理狀態，發展到較高的精神境界。精神境界有超越與內在之分，宗教信仰提供超越境界的豐富內涵，人生信念則賦與內在境界的和諧感受；像儒家講的「與天地合其德」，便屬於不假外求的生命圓滿之境。儒家思想源自於孔子，在家鄉終生不得志的教書先生孔老夫子，後來竟成為影響世界千秋萬世的孔聖人。大陸為推廣漢語教學，預定要在全球蓋一百四十所「孔子學院」。這肯定是件好事，因為懂漢語的人多了，中華文化對外國的影響也會不斷增加。也許有一天，「聖誕節」在華人社會是指孔子誕辰，而非紀念耶穌誕生。

孔子的言行舉止在《論語》當中躍然紙上，我們可由此想像一位諄諄善誘、誨人不倦的至聖先師。但既然是聖人，生活恐不免講究。聽說老夫子吃飯時正襟危坐，連肉都得切的方正才舉箸，這使我懷疑孔子並非休妻，而是為妻所休；試想那個成天伺候先生的太太，受得了如此挑剔的老伴？這雖然是玩笑話，但我努力想尋訪一位平易近人的孔老師；能夠堅持有教無類理想的

人，絕對不會高不可攀。二○○五年八月底，我到濟南山東大學短期講學，無論搭出租車、吃小館子、上郵局，人們都喊我老師；一開始我受寵若驚，後來才會過意來，原來山東是孔子家鄉，到此人人皆稱老師以示尊敬。儒家思想自漢武帝罷百家獨尊儒術後，受到歷代統治者的眷顧與厚愛，幾乎形同國教。事實上，民國初年還真的有人建議將儒教訂為國教，由此可見其對華人精神境界的深遠影響。

儒家奉行「仁義禮智信」、「溫良恭儉讓」等生活實踐，以及「三綱八目」之類崇高理想；其中「八條目」我將在後文以專章加以詮釋，現在先談談儒者最看重的人倫關係。儒家將人際關係歸納為「五倫」，其中「君臣」與「父子」兩種關係至關緊要，因為這是維繫國與家的根本綱常，不容混淆亂套。然而到如今五倫也應當重新加以界定，例如將「君臣倫」轉化為上下關係，「父子倫」調整為親子關係，「夫婦倫」包容各種成家選擇，「兄弟倫」納入同學關係，至於「朋友倫」則擴充至各種好的緣會。生活智慧雖然用以安身立命，但更需要拿來處理人際往還。活在現今，任何一個人都不可能遺世獨立，必須學會如何與別人和睦相處。如果我們能夠把「五倫」的新詮釋，拿來反身而誠，活學活用，相信能夠維繫身心健康，進而提升精神境界。

精神人——

道家

　　我尊重基督宗教、伊斯蘭教、佛教，以及其他外來的宗教信仰，也肯定這些信仰對於人類靈性發展的貢獻；但是本著推動「華人生命教育」的理念，我在本書所談論的生活智慧與精神境界，將偏重於對源出中土的思想之反思。基於個人氣質影響所做的判斷，我推崇以「道」為體的「儒道家」信念與「佛道教」信仰，這包括以「道體」為中心的儒道及佛道融通。外來的佛教且必須先行接受本土化洗禮，方能進一步談融匯貫通。「本土化」之說在臺灣甚囂塵上，但人們恐有誤用。本土化應以本土文化為宗，社會學者葉啟政指出，與「本土化」相對的乃是「外來化—西化—現代化—全球化」，此一「本土化」過去稱「中國化」，反映出以中華文化為底蘊。臺灣文化屬於漢民族為主的中華文化，充其量只能講「在地化」。近年「本土化」實有「去中國化」的用意，但那已是政治而非文化考量了。

　　我經常講，要「去中國化」首先必須將關公與媽祖兩大中國神明請送回去，而把廖添丁之類義人提高位階；不過如此一來，將會傷害到許多善男信女的感情。對於政治爭議，生活智慧的處理方式是「退一步海闊天空」，而非吶喊激烈口號以爭取選票。有人說兩件事不宜談，意見相同者不必多談，相左者則會叫個沒完，這兩件事便是政治與宗教。我一向對政治與宗教之事存

而不論，但心中自有定見，在需要表白時，會明確表達立場。不過這並非我寫作本書之必需，因為人人都有信仰自由，而政治傾向最終還是歸於選票，二者皆多言無益。作為生活智慧的人生信念，我提倡反璞歸真、順應自然的道家思想；它的最大作用，是對死亡的看淡、看破、看開。儒家主張慎終追遠，結果設計出一大套繁文縟節，對殯葬改革相當不利；相對而言，追隨道家途徑，則推行環保自然葬便大有希望。

一個人的生活態度，可由其死亡態度看出大概。我近年積極推動殯葬生命教育，正是為了移風易俗、推陳出新，以徹底解決殯葬活動為人們生活所帶來的困擾。看洋人基督教喪禮簡單隆重，墓園不是大花園就像大公園，一點也沒有陰森的景象。人家能，我們為什麼不能？追求生活的簡化與淨化，應該暫時擱下儒家式的人文考量，而以道家式的自然關懷為依歸。科學家告訴我們，地球在四、五十億年以前，是一團由太陽迸出的大火球，將來總有一天又要返回太陽的懷抱；至於太陽會向銀河回歸，銀河則隨著整個宇宙進行生滅消長，如此一個循環大約八百億年。人類活八十歲已屬高壽，所以在宇宙的景深中，人文理當謙虛地向自然靠攏，共同開創和諧的生活，這也是我認同「中國人文自然主義」的理由。我花了二十五篇短文以闡述我的人學觀，接下去希望把它們用在實際的生活上。

參、人學的應用

人 的 教 育 ——

家 庭 教 育

「一體五面向人學模式」最早用於我在二〇〇三年華杏出版的《醫護生死學》一書中，後來通過二〇〇五年空中大學刊行的《生死學（二版）》將其發揚光大。此一人學模式係結合醫學的「生物、心理、社會」觀點，以及護理學的「身、心、靈」觀點，再加上二者都很重視的「倫理」觀點統整而成，也就是經由至少五種觀點來考察人，希望面面俱顧、無所偏廢。對人的觀察並非無的放矢，而是有所著落、有其實用目的，亦即用於改善有關人的教育、咨詢、關懷、管理等四類活動。這些活動原本形成為四門生死專業的服務，如今將之轉化為對於生活智慧的提煉，相信也頗能呼應。生死觀教人如何面對「死」，生活觀教人如何改善「活」，也就是如何開展「生」。生與死並非等量齊觀，死發生於一剎那，生卻延續一輩子，所以我們應學會「輕死重生」，此處需要的便是教育。

人的成長發展基礎奠定於家庭教育，俗話說「三歲看一生」，並非沒有道理。科學家將三歲以前視為「學習關鍵期」，一生中許多做人處事態度，都受到三歲以前經驗的影響。此一說法可以在實驗中印證，那便是小雞小鴨小鵝破卵而出後，會跟隨它張眼看見的第一個活動物體，並視之為母親；發現這個現象的科學家，因此而得到諾貝爾獎。我沒有這般透徹的觀察能力，卻

有過一次奇特的經驗。大學時到福隆海邊去露營，回程時大包小包擠不上火車，只好爬進貨車廂，跟成堆蛋盒為伍。也許是天氣實在太熱，車行至半途，蛋竟開始孵化，一、兩個鐘頭內，便有幾十隻毛茸茸的小鴨在我身上吱吱喳喳、活蹦亂跳，煞是可愛。我從未看見過孵蛋，真正讓人吃驚的是，到站後我跳下車，鴨子竟然緊緊追隨而來，在月臺上疾走。我已忘記是如何收拾殘局的，但權充母鴨的經驗，卻令我印象深刻。

「學習關鍵期」的啟示是，孩子在未入學前，心智其實已經具備充分的吸收能力，會有樣學樣，因此家庭必須像學校一般，提供孩子良好的學習功能，令其為未來生活紮下穩固健全的基礎。我是無後主義的奉行者，我想除了我之外，許多讀者朋友都有生養子女的經驗；父母在孩子生養之初，所扮演的教師角色十分重要。我對有無「胎教」之事多予保留，但卻相信「親子教育」相當具有關鍵性；而親子教育成功與否，又繫於「親職教育」的良窳。親職教育的目的是教導如何為人父母；不少年輕人會生不會養，即使沒有發生虐兒事件，也可能在不經意中給下一代做出不良示範，例如夫妻經常拌嘴吵架、沈溺於電玩、抽煙喝酒打牌等等。上樑不正下樑歪，父母沒有把孩子的家庭教育設計執行妥當，接下去的學校教育就有可能事倍功半，這絕非大家所樂見。

人的教育——

學校教育

　　目前我們的正式學校教育從小學開始，幼兒教育則有選擇性。印象裏我是念過幼稚園的，而母親曾經告訴我，幼稚園老師對我的觀感為：一個人當三、四個人管，看來我小時候是個不折不扣的好動兒。坐不住的毛病至今猶然，像我現在放年假，雖然整天在家寫書，但是不超過半小時便會起身走動，倒茶開冰箱東摸西摸，毛躁的性子似乎總改不了。好在我清楚意識到自己有許多毛病，雖然經年累月改也改不掉，卻已經習得與其和平共存。我想早年執意想學心理學，大概跟這種自我改善的期望有關。我的改善成果是接納一個不完美、缺點甚多、過度反省，卻也能夠與人為善的自我。以前我會寫日記講給自己聽，近年開始寫文章跟朋友分享。「接納自己」是我的自我教育重要所得，身為教師，我會以此在課堂上激勵學生。

　　你我都進過學校到課堂念書，我卻大半生在學校裏消磨；其實小時候我是很不情願上學的孩子，因為功課實在太重了。大概是望子成龍，我被父母送去讀私立的貴族小學。當年惡補成風，我在學校一天要待上十四小時，如今只記得六年級時，每頓可以吃四大碗飯。那時還沒有國中，連初中入學都要參加聯考；填鴨教育果然有效，班上三十八人全部上榜，我還進了第一志願的學校。然而往後的日子就沒有這般平順；初中三年功課中

下，勉強擠上一所郊區公立高中，卻因學校太遠，經常遲到導致操行不及格而退學，只好回頭重考。第二年總算考取市區的明星學校，又在搞社團、看雜書、妄想反攻大陸的顛倒夢想中，被拒於大學之門外，乖乖地上補習班報到。雖然後來進入最冷門的哲學系，對我而言就算修成正果了。

　　二十歲上大學，從此一生以邊緣處境與姿態，在夾縫中求生存，倒也漸入佳境。如果我記性沒錯的話，高中、大學、碩士班都是吊車尾考進去的，如假包換最後一名；但除了沒機會領獎學金外，還不是跟第一名平起平坐。考博士班時總算有點起色，入學時倒數第二名，不過那是七人錄取四名。依我自身的經驗看，是否輸在起跑點並不重要，後來是否擇善固執、持之以恆，才是決定性因素。我正式教書五年後，發覺還有一樁心願未了，於是埋首拼命寫論文，終於在四十三歲時取得正教授資格，讓我從此無後顧之憂，如今可以坐在這兒，輕輕鬆鬆寫作自娛娛人。我目前教到許多中學教師及準教師，便時常跟大家分享我的生路歷程。我說以自己中學時代那種破成績，絕對不會想到日後能夠當上大學教授；但是我當年沒有自我放棄，希望老師們也不要輕易放棄學生。

人的教育——

社會教育

　　如今的大學錄取率高達九成七，表示臺灣的年輕人都有相當多的機會進入大學就讀，於是把一個人的學校教育階段，視為十六年一以貫之，大致不算離譜。一般人多以為家庭教育、學校教育、社會教育三者接踵而來，這種看法雖沒有錯，卻不免劃地自限。仔細想想，教育過程涵蓋從生到死，每個人無不在終身學習；分為家庭、學校、社會三階段看，只是就資源分享而言。一個人終其一生大多生活在家庭中；小時候受父母管教，成家後管教孩子，自己也在學著如何管孩子，這些都是家庭教育。學校教育雖然主要發生在一些特定場所，但是如今隔空教育、網路教學相當發達，人們隨時可以從學校汲取各種資源。至於社會教育更是無所不在，重點是一個人有沒有心，主動學習成長。有些人喜歡上網瀏覽，我卻覺得開卷有益；讀書還是一件愉快的事情，它也讓我更肯定寫書的意義和價值。

　　就以一般性的分別看，我目前除了扮演學校教育工作者外，還花費許多工夫在社會教育方面；為空中大學規劃設計一整套專科課程，以推動生死教育，同時還在一些大學推廣班及公司的教育訓練內擔任講席。華人諱言死亡，故以「生死」二字將之稀釋；其實「生死」多指涉死亡，要談論生的部分，則直言「生命」或「生活」，鮮有將「生死」連用的。過去我教生死學，

總是一廂情願地將它解釋成生與死；後來發覺有些同學是衝著「死」字來修課，有些則聞「死」而敬謝不敏。關心生命的人，大可去修些「某某與人生」的課，不必觸及死亡這種「生命中難以承受之重」。奇妙的是，近年「生命教育」成為熱門話題，什麼材料都可以往裏面放，保證不會犯忌；所以我也學會用生命教育來包裝生死教育，甚至殯葬教育，倒也說得過去。

我常對學生講，上大學是權利教育，更是自我教育。大學生見不點名便想溜課，上網、打工、玩耍去了；以為是賺，其實是賠，因為輕易放棄了學習的權利。國中以下為強迫性的義務教育，高中以上則是繳學費上學求知的權利教育；而大專以上因為知識分工和學以致用的關係，不可能完全靠聽課學到東西，必須主動去學習，發掘自己需要的材料。這種自我學習成長的能力，該當終身維持住，不應稍懈。現在由於資訊、通信、傳播科技，已達三位一體的境界，為人們帶來極大方便，知識的汲取迅速有效多了。但是除了專門知識工作者和專業人員外，許多社會大眾不禁要問，自己到底要汲取吸收些什麼？總不都是政治界的口水戰和演藝圈的八卦吧！我的看法是讀書可以變化氣質，多多閱讀各式各樣的書籍，有助於擴充提升自己的生活視野和精神境界，這也正是通識教育的理想。

人的教育——

專門與
通識教育

　　我於一九八四年秋季進入博士班就讀，並且開始在大學兼課；記得頭一門課是排在夜間部企管系教「哲學概論」。當時我才三十出頭，班上的男同學都當過兵，年齡跟我不相上下。向務實的企管系學生介紹抽象的哲學，對我來說是頭一遭。當初花了兩個禮拜準備的兩小時教學內容，我花二十分鐘便講完了，接下去只好變成「三板」教師，看著天花板、地板和黑板，不知所云地胡說八道。好不容易捱到下課，我挫折地呆立於走廊，望著黑暗的夜空，心想著大學教師實在不好當。這時候有名學生走過來遞上一根煙，笑著說：「老師，輕鬆一下嘛！」我終於從打火機中看見光亮。既然是概論課，我大可把專門的哲學推理分析，融入生活性議題，趣味化地開講；不必像我的哲學教授那般，一板一眼地授課。後來我才知道，這就是通識教育課程的典型作法；而臺灣各大學的通識教育，也正是在那一年開始正式全面實施。

　　「通識教育」是相對於「專門教育」或「專業教育」而言。一般年輕人考上大學部，立刻進入一個學系，系上開授的課程便屬專門教育，例如數理化、政經社、文史哲等；另外有些實用科系的學生，畢業後要考取證照，方能順利就業，例如醫科、法科、心輔、社工系等，師資培育也是一樣，這些則算是專門之內的專業

教育。如今無論是專門或專業科系的學生，在大學畢業前，都要修習一定的非專門課程學分；其中像語文、電腦、歷史、國家政策等，算是共同基礎課，人人都得學；至於真正的通識教育課程，通常只有八學分，讓同學在幾十甚至上百門課中自由選修。我有一天去教「生死學」，看見隔壁教室的同學人手一壺，外加高矮杯各一，輕鬆品茗，閒談「茶與人生」，真是不亦快哉！我突發奇想，何不有樣學樣，開一門「茶與生死」的課，人手一杯珍珠奶茶或泡沫紅茶，讓生老病死苦，在其中載沉載浮，不也是苦中作樂？

　　事情並非沒有轉圜餘地和發揮空間。通識課程雖然只有區區八學分，卻背負著「人文與科技對話」的宏大理想；面對一群攻讀資訊科技或經貿商管的疲憊學生，如何在下午七、八節或晚間時光，讓他們汲取些許心靈的養分，以真正體現「營養學分」的價值，值得我多費心。我發現每間教室都裝有多媒體設備，於是適度地展開視聽教學，讓同學欣賞電影後進行討論，效果似乎還不錯。後來我想起大學時代哲學系的優良傳統，每月辦一回「茶與哲學」，讓四個年級的學長姐與學弟妹論學談心。我試著把這套活動搬到自己任教的班上，讓他們圍幾個小圈秉燭夜談，隨時可以轉檯子。兩節課下來，雖然有人在一旁睡著了，有人溜走了，但我相信其中必定有同學得以產生心靈的交會。回想我當年和學妹女友的感情，也是在這種氣氛中滋長的。

人的教育——
生命與
素質教育

　　不瞞大家說，我在大學與專科任教二十三年，從五專一年級教到博士生，專門及專業課程都教過，卻始終認為自己在從事通識教育。我是個好讀書不求甚解的人，博雜而不專精。做學問稍有所得，是因為我專挑冷僻的題材、找邊緣的路走，就這麼走出一線生機。大概是太冷門了，我從未有機會在課堂上，有系統地講授自己的碩士、博士、教授論文研究題材，頂多做過幾場演講而已。既然我的專門學問派不上用場，就多花點心思在通識教育上面吧！於大學部開通識課，固然是名正言順；在研究所授課，其實也未脫此道。由於我在研究所碩士班所開的課，除了研究方法帶有工具性質外，其餘都跟應用哲學、生命教育有關；我便順水推舟，把它們當作「生命的學問」來揮灑。近來我聽說大陸在推行素質教育，心想生命教育正好可以用來提升素質、變化氣質。

　　大陸的大學本科過去沒有通識教育及生命教育課程，類似的課程皆歸於「文化素質教育」，近年始有稱「通識教育」者。無論怎麼稱呼，這類課程大多有一個共通特色，姑且比喻作「直指人心，明心見性」。它不屬於立竿見影的客觀知識，而是潛移默化的主體修養，套句新儒家學者牟宗三先生的說法，此乃「生命的學問」。它需要反身而誠，而非向外馳求。以此觀之，我

自認十五歲開始思索哲學問題，後來念哲學、教哲學，近四十載的生涯發展，正是對生命學問的不斷探問。能夠在濁世之中，棲身於學術殿堂一隅，對人生課題進行沉思默想，不必擔心家庭生計，這是我必須對社會表達感恩的事情。但願我能夠把自己持續的思索所得化為文字，讓社會大眾可以受惠，這便是我眼前的人生期盼。

過去七年間，我一共寫出十五本書，包括眼前這本在內；當中有六種直接以「生命教育」為名，其餘亦皆圍繞著同樣主題而開展，因此我現在可以自稱是「生命教育工作者」。在臺灣，對生命教育感興趣以及實際從事生命教育的學者專家，並不乏其人。但我自忖跟大多數朋友屬於同道，卻不一定同調；因此我近年拈出「言者各自表述，聞者各取所需」的策略，並揭示自己的非主流、非官方立場。我的生命教育自生死教育出發，由死觀生；並以輕死重生的態度，發展為一套人生哲理，同時強調民族文化意識和本土在地觀點。生命既非虛懸掛空，教育也必須有理想和理念，我以此堅守華人本位，主張並強調自己談論的是「華人生死學」、「華人應用哲學」、「華人生命教育」。涉足外來知識越久，越讓我看清中華文化的可貴，這便是我的教育理念和良知，我將秉持著它繼續走下去。

人的咨詢──

就業咨詢

　　我在這兒所指的「咨詢」，意思接近一般常聽說的「輔導」、「諮商」，但是意義比較寬廣。我們可以這樣分別：狹義的咨詢便等於專業性的輔導諮商，廣義則涵蓋各種指點迷津的活動。以大陸習用的「咨詢」一詞，來取代通行的「輔導」和「諮商」概念，是因為臺灣輔導界正醞釀把後兩種用法，通過立法訂定為專業術語。就像「醫療」二字一樣，沒有考授專業證照的人，不能隨意使用，否則觸法。這點對於身為教師的我而言，確實有些不可思議；因為我的聘書上載明有輔導學生的義務，卻不代表我必須擁有「諮商心理師」證書。事實上，教師的專業訓練，已經包括輔導諮商在內；而輔導技術並不像醫療科技那般涉及身體功能，且通常也並非生死攸關，實在沒有必要劃地自限。我承認也接受視輔導諮商是一門「助人專業」的看法，但是認為它不必然要走上專業主義的道路。既然專業團體已在醞釀修法，我建議未雨綢繆，廣泛採行人們同樣可以理解的通用名辭「咨詢」或「諮詢」，以示包括專業與非專業的用途。

　　咨詢便是協助當事人找出行動的方向；重點不在咨詢者指示方向，而是跟當事人一起思考，讓他自己找到出路。在臺灣，學校和軍隊還在使用「輔導」一辭，醫療場所與工商業界已習慣用「諮商」；近來有人

推廣以後者取代前者，正是因為前者看似由專業人員在主導，而後者則反映彼此協商。至於我提倡採用「咨詢」，是想凸顯「咨」字的平行立場，因為平行公文稱「咨文」，但「諮」僅有詢問商量的意思。平行關係很重要，在消費者主義盛行的時代裏，當事人的權益應該被尊重。它的具體作法，便是為當事人釐清思路，使其慎重考慮自己的處境，然後做出最恰當的決定。人生在世時，所做的一切大小決定，當下並無所謂「對錯」與否，只有「恰當」與否之分；究竟正確不正確，要等蓋棺後始能論定。這個看似簡單的道理，許多人都想不通。

一九九〇年銘傳由商專改制為管理學院，人力資源出現青黃不接現象，我這個文科土博士，竟被委以資訊管理學系代理系主任之職，以外行領導內行的六十九位專兼任教師和一千多名學生，而且一代就是兩年。當時我還沒有去政治大學企業管理研究所進修，過去所學的哲學專門知識，跟資訊管理的唯一交集，而且還是相當勉強的交集，便是「邏輯」。邏輯為哲學的基礎，一如數學是科學的基礎；電腦遵循的數位邏輯，其根源無疑在邏輯。邏輯所反映的是某種條理的思考，雖然正常人大多不失條理，但不見得能夠專精，而學電腦的人必須要求專精。還記得當年資管系頭一屆榜首是名女生，考進來時還得到獎學金，兩年後卻因興趣不合面臨退學危機，老師們趕緊輔導她轉系；結果她轉入了觀光系，在調酒旅遊的學習中，輕輕鬆鬆、快快樂樂地畢業。我舉這個例子是想證明，學以致用不能光揀熱門，而是要適性。咨詢的作用就是讓當事人有自知之明，順其性而行，方得以事半功倍。

人的咨詢——

婚姻咨詢

　　咨詢活動可以是專家對一般人，也可以是一般人對親戚朋友。華人心裏有事不見得會去找專家求教，而是向親友傾訴；作為別人親友的我們，若是不想越幫越忙，理當培養幾分咨詢的常識及能力，以便隨時派上用場。我在前面提過，咨詢便是協助別人產生自知之明，以落實有為有守、無過與不及。在今日社會的現實生活中，有一件事情的咨詢相當重要，那便是婚姻。人倫肇端於夫婦，結婚生子、成家立業，社會才得以順利運作。像現在臺灣一方面少子化，一方面失業率偏高，都隱藏著不少危機。但是只要結婚生子，就能解決一切問題了嗎？其實未必。因為根據社會現象觀察，離婚不斷、養子不教的事情比比皆是。早知如此，何必當初？既然個性不合，為何要結婚？既然沒有責任心，為何要生小孩？仔細想想，結婚和生育對人生而言，只能算是充分，但不一定必要。

　　華人社會長期流傳著「男大當婚，女大當嫁；不孝有三，無後為大」的觀念，我若是主張此乃人生的充分但非必要條件，豈非離經叛道之論？然而時代畢竟不同了，我們不能生活在二十一世紀，卻沿用十九世紀的價值思維。前幾天讀報，發現美國先後已有一個州承認同性結婚、兩個州接受同性「公民結合」的合法性；這代表同性結婚或結合，可以擁有與異性夫妻權利義務相同

的法律保障。結婚體現出相愛雙方彼此間信諾的成全，並且通過法律加以維繫；但是也有人把法律視為枷鎖，認為是對信諾的不尊重與斲喪。不過從現實面看，未結婚同居，只屬於倫理而非法律關係，必須用成熟理智去安頓，同時靠道德良心來呵護。再從深遠處考量，結婚與否都需要培養成熟心智去因應；不要被愛情衝昏了頭，也無需過度謹慎而裹足不前。家庭生活是一系探索歷程，幸福永遠有可能藏身其中。

　　過去人們只有結婚生子一種選項，如今在排列組合下，至少還有三種可能：結婚不生、不婚不生、不婚生子。我和太太採用第二種可能，但是生或不生留待下文討論，現在先說婚或不婚。有人相信結婚會使人成熟，我卻主張只有成熟的人才適合結婚。婚姻不是床上多了一個人、桌上多了一雙筷子那般輕鬆自然，而是兩個人生活史的交織。有些人婚前談戀愛，會刻意隱藏自己的缺點毛病，婚後認為生米已煮成熟飯，遂原形畢露，招惹人嫌，從此種下爭執甚至分手的火苗。但是一個人再怎麼隱藏真正的自我，還是有百密一疏的時候。所以我建議擇偶的人，婚前要隨時準備放大鏡，以明察秋毫；婚後則假裝老花眼或睜一隻眼閉一隻眼，讓一個巴掌拍不響。婚姻代表你選擇了我、我選擇了你，兩人準備從此親密地相處，有可能一道度過半個世紀的人生，這種事情能夠不慎重其事嗎？

人的咨詢──

生育咨詢

　　結婚和生子都是人生的重大抉擇，如今一個人決定不結婚，還會面臨三種可能：獨身、獨居、獨處。獨身者也許同居，柴米油鹽醬醋茶卻一樣也少不了；獨居者痛快享受一夜情，「安全的性」要牢記在心；至於獨處才真的是「一人吃飽，全家不餓」，不過還是得培養個人興趣，並結交三五好友，以因應不時之需。此外未婚生子的事，在西方國家行得通，到了我們這兒，卻可能弄得千夫所指、無病而死。畢竟人言可畏，孩子則是無辜的，因此我不鼓勵喜歡小孩的朋友走這條路。我喜歡小孩，如果那是別人小孩的話；至於要我自己生養小孩的想法，只在我心裏面短暫存在過。大四時交了個學妹女友，愛情長跑五年半，也曾經論及婚嫁；她說想生三個小孩，我隨口答應。後來兩個人因為價值觀分歧而漸行漸遠，一名奶爸三個娃的景象也消失無蹤了。

　　三十出頭再談戀愛，對生兒育女之事變得較務實；不是把它想成愛的結晶，而是以傳宗接代去看待。講到傳宗接代，家中連我五兄弟，兩兄兩弟一共生了九個男孩，實在無需我再費心。我認識太太一年半以後決定結婚，關鍵因素在於她說不想生小孩。在傳統觀念作崇的社會中，這種明智女性打著燈籠都找不著啊！於是當下執子之手，一個月後便成家了。結婚近二十二年，太太享受地欣賞她的百件衣物和數十尊青花罐，我則坐擁千

冊書齋揮灑自如。放眼看去，學校同事中至少還有三位博士教授屬於頂客一族，便知吾道不孤。因為旁人對我的無後主義投以疑慮眼光，我才開始反思，為何生兒育女之事，幾乎在我的生命裏，從未激起一絲漣漪？從而肯定「一種米養百樣人」的道理。接納多元價值的社會有一大特色，便是尊重每個人的存在抉擇，並且啓示他必須負責任地活著。

　　當了二十四年的教師，我的責任是關照別人的下一代，「此亦人子也！」當然我教的學生因為有在職生、研究生，不算下一代，但我同樣要向他們傳授華人生命教育的道理。在生育咨詢方面，改善少子化固然值得鼓勵，不願造業「做人」者也應予以尊重。在臺灣，想生孩子還有生男生女的問題；重男輕女的家族，生女等於沒生。記得有個做生意的老同學，生第三胎女兒時，連看都懶得讓我們進產房看；七年後終於一舉得子，則席開八十桌廣邀諸親友，天壤之別令人不禁唏噓。至於不想要孩子的人，理當勵行節育，其中包括絕育，但應儘量避免墮胎。因為避孕和絕育，頂多牽涉到男女雙方，墮胎卻傷及可能的「第三者」。臺灣墮胎氾濫，依人口比例計算，較美國和日本都高，顯示性別生命教育大有問題；人們卻不知反省，僅模仿日本「水子供養」，希望通過嬰靈祭拜以消災解厄，真是捨本逐末！

人的咨詢——

自殺咨詢

　　如果生育咨詢問的是「生或不生」，自殺咨詢所面對的則為「死或不死」、「活或不活」。自殺防治便是插手管別人的死活，絕非閒事一樁，切不能等閒視之。生命教育在臺灣正式推動已近九年，卻陷入學生自殺人數增加、年齡下降的窘境，不少人認為始作俑者正是媒體，我也覺得不無可能。還記得藝人倪敏然去世消息發布那幾天，其他自殺的新聞也突然湧現，道是受到媒體報導的暗示而有樣學樣。除此之外，我很納悶小學三、四年級的學生，只因為挨了父母老師的罵，便選擇走上絕路，如果不是受到電視報紙的影響，實在想不出有何原因。反思我三、四年級時，只會閱讀《國語日報》；那年頭臺灣才剛出現電視，我家還沒有裝，只在下課後到同學家去看影集，那像現在這般令人眼花撩亂。媒體說閱聽人有知的權利，但是孩子卻不知道自殺而死的慘狀；受新聞影響模仿而尋短，究竟誰該負責？

　　有人分析說，自殺屬於一種謀殺，其對象恰好是自己，這句話不無道理。一般性的自殺，少數係臨時起意，大多為預謀，這使得衛生署一度考慮要在市面販售的麻繩和木炭包裝上，註明不要輕生的字句，就像煙盒上的警示。如果真的這麼做，則不免因噎廢食。記得多年前有一種日本暢銷書《完全自殺手冊》的譯本在臺灣上市，不久便被查禁，但已流出不少。據說此書在日本

已讓不少人求死得死，還有許多讀者心有戚戚焉，而寫信給作者。此君甚有商業頭腦，將來信彙輯成冊出版續集，又是一陣大賣，由此可見自殺現象果真有感染性。面對此一情境，有識之士實有必要尋得正本清源、推陳出新之道。政府和學界傾向採取心理學和精神醫學途徑，尤其主管機關又是衛生署而非教育部；生命教育的聲音，因此絕對比不上衛生教育或健康教育來得響亮。

　　不同於主流醫界的聲音，站在哲學學者與生命教育工作者立場，我推薦另類的觀點，希望政府或民間考慮哲學咨詢。曾獲諾貝爾文學獎的哲學家卡繆說過：「只有一個哲學問題是嚴肅而迫切的，那便是自殺。一個人決定自己到底要不要活下去，比其他所有的哲學問題都來得重要。」此處點出「存在抉擇」的重要與必要。卡繆的意思其實是說，如果一個人不認真地、負責任地、有為有守地活著，就等於行屍走肉一般在慢性自殺。這種說法的意義甚為崇高，恐怕大家不易體會；但是生命教育正是要取法乎上，以求得之其中。我們確實可以用適應不良、抗壓不足或憂鬱症等理由，去解釋並解決自殺問題；但若把它提升至生命、生活、生存問題的高度，也許可以看得更遠。有遠見的人又怎麼會尋短呢？

人的咨詢——

哀傷咨詢

　　非專業性質的哀傷咨詢，乃是助人專業的悲傷輔導之延伸，有時前者甚至足以替代後者。在一個小型研討會上，我聽到心理學者黃光國講起九二一震災的經驗，相當發人深省。他說災後不久，臺大心理系便組織了一個救災隊伍，深入災區搭棚服務，希望為居民進行心靈重建與悲傷輔導，卻發現門可羅雀。但是在不遠處的斷垣殘壁一隅，竟形成門庭若市的景象；趨前一看，原來是一位阿婆在收驚。夜色降臨後，來自都會的學者專家，跟出沒鄉間的村夫野婦相遇，問道怕不怕，答曰沒有時間怕；這才是標準的臺灣「助人專業」，多麼勝任愉快！由西方傳入的心理輔導，源自教會神職人員的心靈教誨，至一九五○、六○年代逐漸商品化為一項收費服務，開業者模仿醫師執業而稱「臨床心理學家」。這套服務在臺灣並不見得靈驗，即使不收費，還是不如信仰的力量有效。

　　臺灣人的信仰，以不形成宗教團體、非組織性的民俗信仰為大宗。雖然有些廟產設有董事會，但並非出家人替人皈依，而是歡迎各地善男信女前來上香祈福；而信眾也以進香團名義，東西南北到處參拜，場面好不熱鬧！宗教學者鄭志明稱此現象為「游宗」，以示與認同特定團體、選擇皈依加入的作法相對。加入就有可能退出，西方人稱改變宗教信仰為「改宗」，看上去似乎有

些大逆不道；臺灣人對宗教團體的認同感不強，卻具有豐富的信仰情操，所以表現出有容乃大的游宗現象。游宗充分體現出信眾的自主性，包括對信仰工作者的主動接納；如果根據鄭志明所發展出來的、一整套非西方意義的「華人宗教學」來看，稱這些人為宗教工作者也不為過。政府近年正在積極推動制定「宗教團體法」，其中有對「宗教師」的設置及規範；但是更應該規範的，其實就是宗教團體。

　　宗教及民俗信仰活動，到底有沒有真理意義，我姑且存而不論；但非常肯定它具有美感價值和審美功能，我視之為宗教美或信仰美。不要小看美感的心靈撫慰力量，它比一些科學性的輔導諮商技能，來得更為有趣和有用，相信這也是相關專業設有「藝術治療」的原因。哀傷情緒起於失落感受，而失落感受來自依附關係；依附關係的重要特質，便是「無與倫比」，也就是具有針對性。我的小姨子有年走失一隻巴哥狗，失魂落魄好一陣，後來找來一隻同種的狗，她卻始終嘀咕不是原來那一隻。在我看來，同種類的狗全都是一個樣，愛犬者卻分得清清楚楚。問題是往者已矣，來者可追；怎麼辦呢？哀傷咨詢的目的，一方面提供一個撫慰的歷程，一方面正是讓當事人認清「往者已矣，來者可追」的道理。解鈴還需繫鈴人，自己的哀傷只能自己化解，咨詢不過是觸媒或催化劑而已。

人的關懷——

兒童關懷

　　教育即生活，制式教育理當融入生活化教育之中；咨詢屬於生活性對話，專業輔導應該只看做是生活化咨詢的一環。接下去要討論的關懷和管理活動也是一樣，讓專業人員發揮其既定功能，同時盡量培養一般人擁有非專業性的相關修養。我的目的是促使專業與非專業人員相互尊重，而非讓人性流露為專業主義所壟斷。記得前面在介紹人的倫理面向時，曾提及正義與關懷倫理；二者基於「大處著眼，小處著手」的理念，使彼此相輔相成，無所偏廢。意思是說，在普遍性上考慮公平正義，在特殊性上落實關懷照顧。例如社會福利和醫療資源等，要注重分配正義；但是落在實際對象身上，卻不能忽略個別差異。如果正義倫理看見的是宏觀面，關懷倫理便著眼於微觀面。依人類生老病死一系發展來觀察，兒童、婦女、老人、臨終病人，再加上亡者家屬，是主要被關懷的一群。

　　兒童關懷可以分為正常兒童和病童來對待。正常兒童的關懷，消極為提供無所匱乏和無所恐懼的環境，同時避免受虐；積極則為激勵其潛能，並且適性發展。傳統社會以大家族為單位，如果家風良好，任何下一代成員都有受到關照的機會；現代社會以小家庭為單位，上樑不正下樑歪，父母如果無力或疏於關照下一代，孩子就有可能面臨不幸遭遇。經常在報紙上讀到虐兒、亂

倫之類事件，若非老師或學校通報，社服人員也不易注意。有時登門協助，卻發現為時已晚，結局令人扼腕。一般所說兒童多指小學以下人口，國中生屬青少年，高中以上則視為青年；但是醫療分類卻把未成年人皆看成兒童，以其更需要法律保障，這倒是值得參考的見解。套句過去流行的話來講，實踐對未成年人的關懷照顧，目的是盡心呵護「國家未來的主人翁」。

　　然而對於病童的關照，卻是另外一回事。兒童生病有大病小病之分；俗話說「小病不斷，大病不犯」，孩子生些傷風感冒的毛病是常事，但年輕畢竟是本錢，所以不容易生大病。一旦大病纏身，尤其是惡性疾病，致命可能相當高。像癌症通常好發生於中年後期，那是因為身體折舊、細胞病變所致，兒童很難有此結果；然而一旦出現，表示機能不彰，就連命都保不住。臺灣有個會寫詩的早熟兒童周大觀，十歲便因癌症去世，父母為紀念他而成立一個文教基金會，做了不少公益活動。聽說大觀死後托夢給父母，要他們再生一個弟弟，於是有了周天觀。病童去世後，家人哀慟失落實屬必然，再生養子女也無可厚非；卻不能將之視為父母心理補償及亡者生命替代，而應該看作是另一個完整獨立生命的開始，從而加以細心照顧。這才是兒童關懷的真義。

人的關懷——

婦女關懷

重點討論對女性的關懷，並非表示男性不需要被關心，而是成年男性通常較能充分自處，凡事也可以自己打理，但關懷卻有著「多幾分照應」的意思。由於主流社會價值多由男性所開創，對男性也較為適用；相形之下，女性卻可能處處受限。這也是為什麼女性主義流行了一個世紀而不衰，卻鮮見男性打著主義大旗爭取權益的事情。前面提過生兒育女之事，在男尊女卑的氛圍下，光生女兒等於沒生。如今我們還流行作月子，而產婦作月子早在秦朝就已經開始，後來更衍生為「正式過門」的儀式性意義。古代女子嫁作人婦，並未完全被夫家接納，直到生產後才算數。若是生兒，不但小姑在月子中善待之，自己的媳婦地位也隨之穩固；若是生女，則作月子可能備受冷落，其後也沒有好日子過。現今作月子只講究滋養補虛，完全忘卻它的歷史意義，但是婦女關懷卻不能須臾忽略。

在觀照現實生活上，對女性的關懷不必侷限在醫療活動中，日常生活裏可以改善之處比比皆是；例如應該盡量打破女性在家庭中角色的刻板印象。一九九五年前後，教育部為四所三專改制的學院開設在職進修班，讓過去三專畢業的校友回來補修兩年課，以取得學士學位。這些回流學生多半較為年長，且有工作在身，利用晚間加上週末假日返校修課，經常體力精力透支；但

是她們為了拿到長期嚮往的學位，只有強忍著讓一根蠟燭兩頭燒。當時這種班次都排有兩門通識課，讓我有機會跟她們輕鬆談論人生哲學，分享生活體驗。記得有回安排在教室裏秉燭喝茶嗑牙談心，一名中年校友突然觸景傷情，淚流不止，細數她想把握這次回學校念書的機會，至少跟先生及子女開了三次家庭會議，才得到大家首肯；條件是晚上十一點回到家，必須先為孩子準備便當，方准自己作功課。聞後同學皆有同感，甚至哭成一團，我才知道男女真的有別。

　　另外一件事情更不可思議。系上一名助教快快樂樂地嫁人，不到一年卻鬧離婚，原因不是床笫失和，而是先生嫌她老不做飯。問題為她並非不會做飯，是沒有時間買菜做飯，因為兩人都在上班且舟車勞頓，但這個理由竟無法得到二十六歲年輕老公的諒解。原來這位碩士先生出身眷村，從小看見母親每天買菜做飯理家，下課後永遠有著一桌香噴噴的飯菜在等著他，而且第二天還可以在熱騰騰便當中再回味一次。於是他對為人妻、為人母的最基本要求，便是要準時開飯。偏偏小兩口剛成家，必須雙薪始能維持家計；太太每天返家已經六點半，兩人只好淪為外食一族，但這卻傷透先生的心。說先生不愛太太也是假話，關懷不足倒是真的；就在於刻板印象作祟，盲點太深，沒有設身處地為太太著想。而眷村文化典型的「男主外，女主內」，太太相夫教子、勤儉持家的生活形象，在眷村已經走入歷史的今天，也應該讓它成為永遠的回憶不再重演。

人的關懷——

老齡關懷

提起老齡關懷，我的感受就很直接深刻，因為在過年這一個禮拜專心寫作的日子裏，我曾經專程開車載著年邁九十的老母外出用餐，讓她有種活過來的滋味。老母跟繼父住在離我家八公里的市區邊緣，鬧中取靜，倒也自得其樂。她們搬至目前有電梯的公寓大約七、八年，之前是一間住了二十七年的四層公寓頂樓。我很佩服也很心疼母親直到八十二歲才不用爬樓梯，但是八十八的老丈人和八十三歲的丈母娘，至今仍每天步行上下五層樓。人終究得服老，母親近兩年對走路到車站搭免費公車已覺吃力，只好完全電請計程車代步。她最常去的地方，是只有五分鐘車程的北醫附設醫院；我若有空，便會接送她並陪著吃頓飯，卻也只能做到這點。我們兩代曾經想過住在一道，然而繼父出身行伍，不喜為人添勞，堅持要各別住，我只好盡可能去探望他們。

吃年夜飯時，我問繼父將來怎麼打算？會不會去住養老院或榮民之家？他想得到的，只是眼前需要請個外勞或陸勞幫忙。我們沒生小孩，父母和岳父母或許認為我們不懂得照料人，不打算讓我照顧他們。他們活得如此長壽是福氣，但終究要面對老齡的磨難；將來我老了也是一樣，這便是人生。過去我很少想到老年之事，最近一方面看見兩家父母的境遇，另一方面又承受著自己得到高血壓以及體力漸退的現實，竟然一心只想追求安

定，不願奢談進步了。但我卻只有五十四歲啊！人稱哀樂中年，我則深自體會「前不見古人，後不見來者；念天地之悠悠，獨愴然而涕下」的意境。老齡關懷有機會讓我們看見自己的將來，難怪佛陀要領悟出「生、老、病、死」都不脫一個「苦」字；而有了這層領悟，方得次第自「苦、集、滅、道」中得著解脫。

　　我信佛教，卻嚮往道家，希望「澹泊以明志，寧靜以致遠」，從不去想死後生命或輪迴轉世之類的事。佛教傳進中國後，開出許多不同於印度思想的深刻智慧。對我而言，這些雋永的智慧，映現出人生的苦澀與美感，讓我瞭解並學會與苦痛和平共存。猶記年輕時為避戰亂而假裝剃度出家的老父，忍受十三年的病痛後，以八五高齡在美國家中臨終的情景，當時我感受到的竟非哀傷，而是解脫與祝福。我相信老父於人生最終旅途中，也是懷抱著這種想法。尤有甚者，我更寄望自己走到生命盡頭時，能夠豁達以對，不喜亦不悲。老齡關懷不是讓雙方怨嘆，而且彼此祝福。前幾個禮拜，我帶著三位空大教授去殯儀館參觀訪問，在火化爐前看見熊熊烈焰吞噬遺體的景象，便想起了母親的交代。她希望百年後將骨灰拋灑了事，我乃油生一股平安喜捨的感覺。

人的關懷——

臨終關懷

隨著高齡化社會的來臨，人們益發對臨終關懷有所注意，報章雜誌的相關討論也逐漸增加，是到了該對死亡加以正視的時候了。我讀過一本英文的生死學教科書，書名直譯為《死亡與臨終，生命與生活》；在看似工整對仗的字彙裏，其實隱藏著各有特色的意義。依我的常識之見，「死亡」是一個句點，「臨終」為句點前最後一句話；「生命」可能反映整句話、整段文章，甚至整本書的意義，而「生活」則指向書寫的過程。如此看來，生與死根本不可能也沒有必要等量齊觀；至於我，正是主張「輕死重生」的。我覺得死亡屬於「生命中不能承受之輕」，因為只發生一次，所以無足輕重。米蘭·昆德拉在他的著名小說中，藉此提出了對於輪迴觀的反詰，從而得到深刻結論。我把這部小說仔細讀過三遍，寫出四篇引介文章，進行五場專題演講，並且認為它為我開啟了生命中一盞明燈。

死亡不足畏，因為它空靈得難以讓人想像；但我們對於臨終的態度，卻是可輕可重。臨終意味生活的告終、生命的消褪，但終究還算作生之歷程，我認為不妨用審美的觀點和幽默的態度去安度它。寫過暢銷書《死亡的臉》的美國醫師努蘭指出，死亡不是等著我們去面對的靜態事物，而是突然撲面而來的可怕力量，我們必須學會如何與之對抗。對抗包括治病，治癒不算贏，只

是暫時不輸；這便是卡繆的寓言裏，那個被罰推巨石上山、石頭卻不斷滾下的西齊弗之存在處境。臨終關懷其實是一種正視死亡且不服輸的作為，知命而不認命，是善終而非等死。現代人渴望有尊嚴地死去，但是死去的過程往往不堪忍受，臨終關懷遂變得有種「知其不可而為」、帶著一絲蒼涼的波瀾壯闊之感。我在想，如果安樂死能夠合法化，這種另類的臨終途徑，將會是不少人心之所嚮。

　　「臨終關懷」原本是大陸術語，後來在臺灣被寫進〈殯葬管理條例〉之中，遂成為官方說辭。但我認為此地乃取其字面廣義用法，即對所有臨終病人寄與關切之意，與狹義的「安寧療護」還是有所區別。安寧療護在法律上正式稱作「安寧緩和醫療」，是對某些可以較為確定預測存活時期疾病患者，所進行的安寧與緩和療護措施；此多指癌末病人，在外國尚包括愛滋病患。像臺灣一開始推展這項理念不遺餘力的機構，便稱為「癌症末期安寧照顧基金會」。安寧療護屬於醫護專業的一環，以團隊方式為之，成員尚包括心理師、社工師、宗教師、志工，但是核心部分則為患者及其家屬。在全人、全家、全隊、全程，有時還加上全區的「四全」或「五全」關懷照顧下，讓臨終病人離苦得樂，平安走完一生。不過癌症死亡人數，只佔全體四分之一；為剩下四分之三的人，發展出屬於他們的臨終關懷，將是更偉大的功德一件。

人的關懷──

後續關懷

　　人的關懷需要扣緊人的生老病死發展歷程而落實；我曾以生死學者的身分，為一本護理教科書《人類發展學》撰寫最末一章，標題即是〈生命的終點──死亡〉。過去助人專業實施到臨終病人身上，已算功德圓滿；如今則更進一步走向為亡者家屬提供後續服務的階段，這主要由殯葬業者為之。殯葬在許多國家都是必須考授證照的專業，臺灣的技能檢定專業考試，將於二〇〇八年秋季舉辦。雖然法令裏規範殯葬專業人員可以執行「臨終關懷及悲傷輔導」，但是從現實層面看，華人一向諱言死亡，加上對殯葬的疑懼，要讓業者在當事人生前去表達關懷之意，恐怕不容易通過家屬這一關。至於悲傷輔導，由於輔導專業團體正醞釀修法，將輔導諮商列為心理師獨占的專業服務；對禮儀師及喪禮服務技術士而言，似乎只有改弦更張、別立名目一途。「後續關懷」正是殯葬業推陳出新的措施。

　　後續關懷興起於美國，時間大約在一九七〇年代，至九〇年代已形成為絕大多數業者的標準服務程序。後續關懷可以說是延續性的哀傷咨詢，在美國屬於一種非營利性質的售後服務。它的興起過程極具象徵意義，原因竟然是殯葬業者反躬自省下的意識覺醒。原來美國的殯葬業也像臺灣一樣，屬於暴利行業，拼命賺死人錢而惹人嫌；在消費者主義勃發後，業界便受到聯邦政府立

法管制和規範。為了重建消費者的信任與信心，再加上看見醫療界也逐漸步上商業化的向下沉淪途徑，失去其公義理想及公益精神，殯葬業者開始反向思考，認為接手從事公義及公益服務此其時矣，不收費或少收費的後續關懷乃應運而生。而專業守則中更明白指示，不得將後續關懷與販售生前契約綁在一道推行；二者必須明確脫鉤，以免消費者誤判。

美國的殯葬活動形式簡潔，沒有太多繁文縟節，再加上告別式多於教堂或社區性的「殯儀之家」舉行，相當親切且平易近人。專業的殯葬指導人員，得以在和諧氣氛及友善關係中，與亡者家屬建立起情感與信任，後續關懷便有可能水到渠成。後續關懷從隨機主動聯繫，到精心安排的哀傷撫慰都有；目的就是將商品銷售，延伸為公益服務，以博取消費者的口碑。臺灣的殯葬專業化正在起步，業者的素質也在不斷提升中，管理活動亦有所加強，展開後續關懷服務，正是改革創新的明證。尤其是道教科儀有作七、作旬、作百日、作對年的設計，殯葬業者正好利用這些階段性活動，展開最長為期一年的公益化售後服務，以創造口碑的佳績。服務業販售的主要即為無形商品，口碑與利潤同樣重要；獲利固然使企業立於不敗之地，口碑才得以保證企業的永續發展。

人的管理——

醫護管理

　　就現代人的生活需求而言，有關人的教育、咨詢、關懷、管理等四方面的活動，雖然不一定要專業化，但最好具有專門性。專業化是以專業證照作為就業門檻，其他人都不得其門而入，容易淪為獨占式或寡占的專業主義；專門性則是指具有相關的專門知識教育訓練，至少也要通過有系統的自學方案，同時具備一定條件的實作經驗。像我當大學教師，教師資培育課程，卻從未像中小學教師一樣接受過師資培育；而許多有成就的企業主或經理人，也不見得個個念過企業管理或身為企管專業碩士。我想說的是：現代人只要有心關注社會、改善生活，一旦經由自我學習成長過程，便能積極參與上述四大類型的活動，以提升整體生活品質。即使未能親身參與，也可以站在旁觀者立場，對之進行監督與批判。

　　以醫護管理為例，這雖然是指醫療機構的組織管理，一般人插不上手；但是醫療機構的任務是服務社會大眾，作為社會大眾消費者的我們，有權利要求醫護管理以人為本，不能光從成本效益考量一切，還是要保持幾分公益的理想性。這便是所謂的「消費者滿意度」，對於組織管理的回饋影響。十幾年前有一天上午，我在兼課的醫學院等著上課，卻因為下腹疼痛難當，被送到鄰近大型醫學中心去掛急診；值班人員叫我躺在床上等候，結果一等就是七小時。當時我聽到看見左右病床哀

號呻吟聲音情景不斷，心想自己這點小病痛，實在算不上什麼，也就忍住不作聲了。到了下午實在難過萬分，勉強起身到櫃檯前去找醫師求助。我說「很痛」，他頭也沒抬便答以「有人比你更痛」，我只好無語問蒼天，回床去躺下。到了傍晚竟然不痛了，這時值班醫師總算想起我，安排我去照超音波；弄了半天也看不出名堂，就說是尿路結石已經排出，叫我安心回家。我問又痛了怎麼辦？答覆是下次再來。

　　急診室是苦海，苦海無涯，回頭是岸；但是急診室也可能有春天，只要醫生護士願意把春天畫在臉上、掛在口中。我腹痛送醫當天，原本是在那所醫學中心隔壁的醫學院，為一大群醫學生、牙醫生、醫技生、護理生上「人生哲學」。次週我進教室後，把前面的遭遇跟同學講述了一遍，並且請醫學系的學生加以評論。當時有名較年長的重考生慷慨陳詞，細數醫界的黑暗面與非人性，其他同學則面面相覷，默不作聲，我的結語則是「希望在明天」，醫療改革就寄望在座同學了。前年我因為結膜下不斷充血，在診所看不出結果，只好到吃過苦頭的醫學中心去掛眼科。未料一坐上診椅，戴口罩的醫師竟然親切地喚我老師，令我大吃一驚。她正是我當年教過的醫學生，如今已成為主治醫師。我一共找她看了三回，她說問題可能由其他疾病引起，後來在心臟科診斷出是高血壓。有人看見穿白袍的醫師血壓便會上升，我想醫護管理的第一步，起碼應該做到「視病如親」才是。

人的管理——

宗教管理

　　我因為小時候常上教堂喝牛奶、吃餅乾，所以對基督教印象良好；一直到高中和大學，還主動參加學校的團契。大學及研究所在天主教學校念了十年，跟神父修女互動頻繁；加以哲學系的課程多少涉及神學，班上還有同學後來晉升為神父修女，天主教對我的心智成長，也有相當多正面的影響。但是真正的影響與衝擊來自佛教。家父鈕先銘將軍曾於抗戰時戍守南京城，城破避難於城外小廟，化身剃度為出家人，因此躲過一劫。從此父親篤信佛教，中年後並先後撰有《還俗記》與《釋迦牟尼新傳》二書，以示對佛法無邊的見證，以及對佛祖大悲的禮贊。有此因緣，當我在中年事業出現瓶頸之際，先後有兩間佛教學院請我去規劃籌設新的研究所，我都爽快地答應；而這兩個所也的確在我的筆下實現成形，順利招生。但到頭來我還是放下一切毅然離去，理由無他，「道不同，不相為謀」而已。

　　信教及對宗教信仰奉獻是一回事，跟宗教人士在宗教團體及其相關事業裏共事，則完全是另外一回事。我清楚區分「宗教為團體活動，信仰屬個人抉擇」；自十五歲懂事起，我就對哲學與宗教議題產生濃厚興趣，但是關注焦點則始終圍繞著活生生的人。一個人無論是以宗教信仰為依托，還是以哲學信念為支撐，終究還是要自己作出存在抉擇。但是哲學與宗教在本質上畢竟

大異其趣。哲學起源於懷疑，並主張在不疑處有疑；宗教卻強調虔信，且不得對教義及教士有疑。本乎此，我很早就不願與人討論宗教之事，因為信不信由人，多言無益；至於哲學議題，不管是不是越辯越明，好辯至少可以把問題辨明釐清。作為一個以反思人生為志業的學者，我選擇哲學思辨，並且對宗教存而不論。問題是哲學可以成就大學問家，卻很難創造出大事業家；在這方面，宗教剛好相反。

　　讀者朋友切莫誤認我以為宗教培養不出大學問家，實在是因為宗教信仰的層次遠高於學問的境界。但是神聖的宗教界去興辦世俗的事業，我們就應當用世俗的眼光去評價它。有意思的是，臺灣有不少宗教團體，具備高度的集資能力，得以創辦大型醫院、學校，甚至與殯葬業競爭市場。一旦出現這類世俗化組織與商業化行為，消費者就有權利要求進行組織管理。如果神聖教團與世俗組織糾纏不清，則應一律接受政府法律的監督規範，不能自命清高，卻處處鑽法律漏洞。久聞內政部在推動制定「宗教團體法」，十幾年下來卻停滯不前；原來許多各級民意代表，已經跟宗教人士形成命運共同體。而宗教團體興辦事業，也極為類似家族企業，容易讓特權當道；但如此一來，絕非消費者之福、員工之福。放眼看去，臺灣的宗教事業一片興旺，落實宗教管理此其時矣！

人的管理——

殯葬管理

　　我的學問興趣從人生哲學出發，通過科學哲學、生命倫理學、生死學、生命教育、教育哲學、殯葬學等六個階段，如今又逐漸回返人生哲學。歷經這六個階段的洗鍊，如今我對人生哲學的理解與體會，跟近四十年前的懵懂追求摸索，的確不可同日而語。雖然我對這六個學問階段的每一個，至少都寫出一本十萬字以上的專著；像生死學和生命教育，還各出過三本及五本；但我並不以此為滿意，還想再接再勵地持續探索，不斷書寫。做學問的人之心路歷程，大多有跡可循，可視為其精神境界的辯證發展揚升。我近年以推動殯葬學及殯葬教育為己任，雖然引來不少人異樣的眼光，但我卻樂在其中。像我目前擔任國立空中大學附設空中專科進修學校生命事業管理科兼任科主任，主要就是在負責創立臺灣第一個正式的殯葬科系；自二〇〇七年秋季起，該科將以兩年為一輪，開設殯葬專業課程，以迎接即將於二〇〇八年秋季到來的專業證照考試。

　　我能夠因緣際會地成為臺灣殯葬教育的重要推手，實在要感激成百上千殯葬業朋友的接納與支持。一九九八年秋季，我以生死學研究所創所所長身分，參與結合生死學、宗教學、管理學等學界的朋友，共同在南華管理學院召開「殯葬管理科系規劃研討會」。那是個劃時代的創舉，也使得殯葬人員的教育訓練議題，首

次納入高等教育學術殿堂加以討論。二〇〇二年七月〈殯葬管理條例〉公告施行，其中列有「禮儀師」的設置及考授證照的條文，讓正規殯葬教育出現正當性與急迫性。無奈專門職業及技術人員的考試主辦權在考選部，其以殯葬業無專門科系培養人才為理由暫不舉辦考試，而有心設立殯葬科系的三所大專院校，又陸續被教育部打回票，專業化理想淪為空轉。二〇〇五年春季，內政部見狀認為不宜拖延，乃改弦更張，主動邀請勞委會協商，達成先行辦理「喪禮服務技術士」技能檢定的共識，再醞釀修法，將禮儀師定位改為非專門職技人員，以尋求解套。

如今修法過程仍在持續進行，可見的未來，是讓殯葬業者先考技術士證，再以乙級技術士、兩年工作經驗，以及二十學分專上學校專業課程等三個條件，檢覈取得禮儀師證書；如此最快在兩、三年內，就會有第一批國家授證的禮儀師投入市場，為廣大消費者服務。拜政府積極推動殯葬業證照制度所賜，我得以有機會加入殯葬教育的行列，並且在跟許多有心向學的業者良性互助下，達到教學相長的效果。殯葬管理包括政府對業界的監督，以及業者本身的事業經營；如今無論是相關法令、政府主管機關單位、公營事業機構等，皆以「殯葬管理」為名，由此可見其重要性。但更重要的則是教育訓練；殯葬教育能夠使殯葬由行業提升為專業，將從業人員的自我認知，由從事職業擴充為發展事業及奉獻志業。殯葬業為民生所必需，也是做功德的事業，由此可知殯葬教育的影響深遠、責任重大。

人 的 管 理 ——

風險管理

　　我由於在銘傳擔任過資管系代主任，跟當時的保險系主任宋明哲教授是舊識，甚至還追隨他共同發起成立了一個風險管理學會。但是說真的，我那時對保險及風險管理的認識都極為有限，甚至可說一無所知。二〇〇一年九月，我由嘉義搬回臺北，重返銘傳任教，宋教授仍在當系主任，系名已擴充為「風險管理與保險學系」，並設有碩士班及碩士專班。宋主任在我離開那幾年間，遠赴英國蘇格蘭去修讀風險管理學博士。英國鄰近歐陸，商管教育不似美國的應用科技取向，而沾染了些許人文社會的批判氣息，宋主任自認在博士班修課時，有一本談論風險的專書讓他大開眼界，並產生意識覺醒。那是一本用新興的「文化研究」後殖民、後現代觀點所寫的風險論著，相當發人深省，絕非美國那種典型的現代管理理論差可比擬。我相信宋主任在他的求學過程中，受到歐陸哲學相當程度的啟蒙，使得他的管理學視野，較同行要來得寬廣深刻許多。

　　也許是受到此一哲學啟蒙的影響，宋主任對我這個哲學朋友始終另眼相待；三年前，他竟然把風保系碩士班及碩士專班核心科目之一的「質性研究方法」，放心地交給我授課。受人看重付托之餘，我當然會全力以赴達成任務，把這門過去不甚熟悉的課，好好把握拿捏一番。如今三屆教下來，我自認已能得心應手，漸入佳

境，去年更被自己服務的教育研究所排授相同課程。平心而論，眼前要讓風保所的學生寫質性研究論文，似乎有些不切實際，因為連更一般性的企管所，都找不出多少學生對質性探索有興趣；大家還是隨著主流的量化途徑去做研究，如此學位方能順利到手。量化研究的對象主要在「事」，質性研究卻深深觸碰到「人」；而且要直指人心，逼近研究對象的生活實境與心靈深處。教育所的研究課題較貼近人，所以質性論文隨處可見，我也讀過不少；但是在風保所卻絕無僅有，而風險其實正與人息息相關。

　　「風險」是一個十分抽象的概念，過去很少有人在談論它；上世紀五〇年代以後，保險業者開始注意到風險相關議題，並且開創出風險管理的領域。保險即是對個人或組織在得與失之間，加以保障和理賠的活動，所涉及的內容正是風險。風險最初指向天災人禍的危機處理，後來則包括財務過失所產生的金融風暴；前者如前蘇聯車諾比核電場所引發的全球性重大災害，後者則以英國霸菱銀行員工監守自盜導致慘重損失為例，受害者多為平民老百姓。在現實生活中，風險無所不在。美國學者傾向將它當作客觀事實，因此多以量化工具來衡量；歐洲學者則提出其中還包括個人主觀的心理認定，所以也適合作為質性研究課題。無論如何，風險管理在保險業已佔有一席之地；未來是否會受到殯葬業者的重視，把它列入生前契約之類商品的開發與行銷考量，值得我們注意。

人的管理——

資源管理

　　管理活動最典型的所在便是企業管理，也就是大家經常所說的或面對的「五管」：生產管理、行銷管理、人力資源管理、財務管理、研究發展管理；有時還會加上資訊管理，至於服務業會將生產管理轉化為服務管理，中小企業則省去研發管理。這是按企業功能分化的，主要表現為一個企業體的不同管理部門，但所有部門都要落實管理的五種功能：規劃、組織、任用、領導、控制。此外也有按行業別去進行管理的，如傳播管理、藝術管理、醫護管理、宗教管理、殯葬管理等，這是將管理的原理原則，用於各行各業組織中，彼此的管理活動其實大同小異。近年有學者和業者在人力資源管理之外，看見更多的資源需要管理；用最簡單的算法，人、事、時、地、物等各種軟硬體，都等待我們去加以管理。讓各種軟硬體列管以產生績效，這便是資源管理，但最終受益者還是人。人情願接受管理，是因為如此一來，事情才會變得有效率，而自己也更有收穫。

　　一九八八年我拿到博士學位後，到銘傳商專當專任副教授，因為所學不盡符合教學需要，校方好意安排我去擔任小主管；雖然要按時上下班，但畢竟較為安定，至少不會因為授課時數不足而面臨失業危機。朝九晚五的上班族生涯，對我而言並非新鮮事。我服役時當軍校教官，沒課便待在處室裏上班；退伍後到雜誌社先幹記

者後做編輯，同樣是固定的上班活兒。如今在學校當小主管，負責出版行政業務，辦公室連我一共三人，事情不多；相較於同屬教務處的課務、註冊兩組整年忙碌，可謂十分輕鬆。但是總有一件事情困擾著我，那便是打卡；一天打三次卡，遲到或忘打就會出現紅字，彷彿考試不及格一般丟人現眼。想我堂堂博士副教授，竟然成天為打卡而折腰；再看看其他不兼行政職的專任教師，有課就來沒課便走，專科學校也沒有寫論文及升等的壓力，純當老師可說羨煞人也！

　　兩年後學校改制升格為學院，將學科轉型為學系，校長大概認為由博士出掌系務較為合宜，於是我這個教共同課的哲學博士，竟然被詢以是否有意調往專門科系代理行政工作。我記得當時只問了一句話：「要不要打卡？」聽到答案是否定的，立刻答應調差，從管兩個人的出版小組，轉往管一千兩百人的大資管系。打卡是免除了，但資管系尚包括專科時代的電資科，含有三專、五專及大學部，還分日夜間部；我每天從早忙到晚，即使不打卡也走不開。系主任職務一代便是兩年，第二年我還被學校推薦去政大企研所進修，終於把管理給弄通了。原來系主任就是經理人，管理的對象分為軟硬體資源，而管理活動即為善用可支配的有限資源，使其產生最大效力，並發揮整合的綜效。公司管理成效看利潤、學校看學生就業率、非營利組織看口碑、政府看選票，這一切都是資源管理的成果。

肆、生活的開展

修身篇——

為學與做人

　　本書以《觀生活》為名，希望向讀者朋友提供一種看問題的視角，以期安頓生活。生活為人生的一部分；人生的前提是生命的形成，並且得以持續生存，然後才考慮如何生活。生命、生存、生活構成人生一系歷程，讓我們在其中進行存在抉擇。然而若是採取較為鬆散的用法，則說本書在引介「生活學」亦無不可。其實我也是以同樣態度去談論「生死學」的。與其把它們看作嚴謹的知識，我寧可視之為鮮活的學問；這也正是存在主義哲學家，經常以文學作品來表達哲學思想的原因。本書嘗試以哲理散文的形式，來記錄我對生活的反思。生活的著落處是人，因此我花了兩章來談〈人學觀〉及〈人學的應用〉，接下去的兩章則指向〈生活的開展〉與〈生活的本質〉，這些便拼貼出一整片「生活學」的論述。談論生活的安頓，可以從各種角度切入；我有意以華人生活型態為依歸，發現《大學》裏面的「八條目」，很適合拿來闡揚發揮。

　　儒家的「三綱八目」以「明明德」的要求涵蓋「格物、致知、誠意、正心、修身」等工夫，再拿「親民」的作法次第落實「齊家、治國、平天下」，如是「止於至善」。古代把「格物」到「修身」，視為系列開展；我自現代的觀點看，理解為「格、致、誠、正」四者皆指向「修身」，亦即「為學」與「做人」之道。「格

物」與「致知」是講求知治學，「誠意」和「正心」則談待人處事，而「修身」即不外為學與做人兩方面。此外古代「家」之倫理與「國」之政治有相通之處，如今則多了一層「社會」考量，我乃在「齊家」與「治國」之間納入「合群」一項。社會學傳入中國之初，被翻譯為「群學」，以示考察群體的學問；「合群」即是指關心社會、參與社區。至於「平天下」的理想，如今雖屬聯合國的任務；但我們位居臺灣，仍然可以用「放眼看天下」的開闊心胸去參與全球發展，不應短視自外，此謂之「入世」。

如今科技發達，知識昌明，一個人的為學多以專門知識學習為主，待人處事之道則屬於另外一回事；但是古代儒家是把為學視為做人的一環，為學便是學習如何做人。儒家思想於中國當道兩千多年，主要貢獻是在倫理生活的安頓方面；科學意義下的格物與致知，直到二十世紀才在中國普及。對身處二十一世紀的我們而言，為學的格物、致知，在內容與方法上皆不脫西化產物，乃是不爭的事實；而做人的誠意、正心，則仍然可以在傳統文化內發掘出豐富的想法與作法。不過往深一層看，後現代思考卻能夠巧妙地重新詮釋為學與做人的關係；二者並非各行其是，而是以後者決定前者，也就是用做人的價值意義，去指引學問探索的途徑。如此一來，科學研究便不全是超然的心智活動，它尚背負了一些改善人生的責任。後面我還會以「中體外用」的論點來多方面闡述。

修身篇——

格物

　　提到格物，我就想起王陽明的故事。他年輕時為做學問去格竹子，每天觀察竹子的生長，希望能悟出一絲道理；後來卻累出一身病，終於領悟到向外面格竹子並非正途，應該反身而誠向內觀想，從而發現「心即理，致良知，知行合一」的道理。歷史上的王陽明，文治武功皆相當在行，絕非只會玄思默想的書齋型學者，能夠領悟傳世的獨門心學，確屬學術上的一大貢獻。不過一旦把時代背景攤開來，又不禁為王陽明覺得惋惜。如果他手上握有同一時期發明的顯微鏡，瞭解竹子生長是細胞分裂的結果，則明代為學的大方向也許會改觀；科學說不定更早在中國生根，也就不必受到西方人船堅炮利的侵略，出現近一、兩百年的民族屈辱。臺灣的小朋友寫作文多想當科學家，大陸近年也在高唱「科教興國」；以科學研究作為「格物」的當今解釋並不為過，不過科學絕非客觀中立的事物。

　　我也曾像許多年輕人一樣，年輕時立志要做科學家；雖然受到當時流行的存在主義思潮感染，走向哲學之路，卻未因此放棄科學之夢。升大二時我以文科生身分，申請到理學院去念生物輔系。為了學好生物學，我主動把化學、物理學、微積分等基礎科學課程，從頭到尾全部修過一遍；結論卻是我不適合做科學家，因為我喜歡動腦，卻懶得動手。為補償無法當科學家之憾，我

對哲學接著往下念的研究方向，是選擇走「科學哲學」的路，結果一路念出碩士、博士學位和教授職位。簡單地說，不同於科學在探究「世界是什麼」，科學哲學則是退後一步看「科學是什麼」。它早先關注於「科學是如何說清楚的」，後來則想瞭解「科學是怎麼做出來的」；前者看重邏輯表達，後者扣緊歷史發展。哲學家對科學的看法，也像對倫理學的考察那樣，有著邏輯主義與歷史主義的相對性；邏輯重抽象條理原則，歷史看具體事實脈絡。我的科學哲學治學道路，即是從前者走向後者。

　　修科學課做實驗一板一眼，必須按程序來；否則實驗失敗，一切得重做。這種經驗與印象，使我早先相信科學家都是謹守邏輯、毫不馬虎；而科學成果即是靠著邏輯推理，一步步想出來的。典型科學家的形象，在我心目中乃是勤勞幹練、冷靜沉著，卻不通人情世故的一群，即所謂「科學怪人」。後來讀了一些科學家傳記，發現情形似乎不是如此；科學家天生聰明沒有錯，但也同凡人一般有著七情六欲，會勾心鬥角，不過終究能夠靠著過人的毅力與決心脫穎而出。科學陳述或許十分合乎邏輯，科學思考卻需要海闊天空、突破創新；換言之，不按牌理出牌，才有希望產生收穫。而科學家選擇研究題目，也多半根據自己的主觀認定，這即是所謂科學的「價值載負」。由此可見，光是格竹子一事，便有許多種可能；「格物」在生活之中，比想像的複雜多了。

修身篇——

致知

　　格物為的是致知，如今更創造出各種價值，於是從事資訊及知識等腦力工作的人，得以一躍而為全球首富。不過我們暫時不要去想賺錢的事，純把格物與致知當成為學的修身工夫之一環來思考。老一輩科學哲學家認為：科學家格物以致知乃是條理井然、水到渠成；新一代學者則主張，科學工作其實還包括瞎打誤撞、胡思亂想的成分。當然這樣說不盡公平，大多數科學家還是按規矩辦事的，但如此一來便不易形成豐富創意和重大突破；極少數科學家憑著妙方與猜想，卻可能闖出大事業來。歷史證明，今日的重大科技成就，早年也許只是一些奇人的癡心妄想；製造飛機便是一例，眼前各種電器用品，更是古人前所未聞。如今我們談生活的開展，列有「修身」一項，主要是討論在生活中如何自我安頓。我想在知識化的社會中，無知肯定不得安頓，且會處處碰壁；相較從前，求知也變得益形重要。

　　把格物致知的說法，納入西方學術來考察，「格物」在過去是屬於形上學探討，現今則歸為自然科學研究；「致知」傳統上指向認識論或知識論，時下已成為認知科學的主題。科學知識日趨專精，非一般人所能理解把握，始有科普讀物的流傳，以普及科學新知。現代人要想在致知上不落人後，就不能淪為一曲之士，所見日小。如今上大學或讀專科的機會甚多，只要有心，

人人都可以接受高等教育。專上學校科系講授的內容，便是學生的專門領域知識；要專門就必須深入，一旦深入便容易見樹不見林。為彌補專門教育劃地自限、偏於一隅的弊病，美國高等教育乃有通識課程的設計。臺灣各種教育體制，幾乎都以美國為依歸，所以也有樣學樣，實施起大專通識教育來了，可惜多半學得不像。自一九八四年興辦至今，通識課程在不少學校僅得聊備一格，變成學生眼中的「營養學分」。

學校通識教育施行得雖不甚成功，但總算有人教，也有人學。當年輕人步出校門踏進社會後，在缺少學習動機的情況下，恐怕更不易擴充視野，讓自己全方位地成長了。記得我大學畢業前夕，有個同學發表感言，道是畢業即一眼望見人生的盡頭，頓時驚醒不少在座的夢中人。此位仁兄離校後先去服役，退伍不久考取公務員，服務至今已近二十八年。邇來他口中念著退休，在家亦甘為孺子牛，卻好學不倦，不忘終身學習而持續進修。在我看來，他自視的平淡人生，已經因為主動求知而變得不凡，開創出豐富的精神境界。以格物致知作為修身的工夫，不一定要成為學者專家，但必須要培養出寬廣深遠的見識，這便是「讀書可以變化氣質」的道路。所見日廣，便可以從「爭一時」進步到「爭千秋」，再轉化為「與世無爭」的渾然圓融無礙境地。

修身篇——

誠　意

　　「格物、致知」是為學的基本工夫，「誠意、正心」則屬做人的起碼要求。「誠意」指意念的誠實，「正心」表心態的端正，這些都應視為人際關係開展的初始條件。人並非孤單地存活著，日常生活多少都要跟別人產生關聯，進而擴大為廣泛的人際關係網絡，其得以存在維繫的基礎便是誠信。近年詐欺行為流行氾濫，不少人已成驚弓之鳥，對任何不識者打來的電話都視為騙術；此雖不免矯枉過正，卻彷彿是唯一自保之途。社會發展走到這一步，實在令人為之扼腕遺憾。「誠意」究竟是人與生俱來的德性，還是受到環境影響逐漸形成的態度？這類爭議或可視為古代性善性惡理論的延伸，在現實中可以暫時不予計較，而把關注的心思放在人際相處時，品質的改善與提升上。像詐騙橫行導致的不信任感及憂心，或許可以用社會上仍不時出現的、雪中送炭溫情的消息來加以調適，從而進一步激勵人們趨吉避凶、抑惡揚善。

　　一九八六年秋季，國立空中大學在試辦三年後正式全面啓動，成為臺灣第一間有教無類、終身學習的高等社會教育機構。由於採取隔空教學，學生可以在家裏看電視、聽廣播，只需每月到附近的學習指導中心去接受專人面授。當年一上來便開了許多課，所以需要大量面授教師；其中有「人生哲學」一科，讓還在讀博士

班的我有機會上臺發揮，同時賺點生活費。我因為消息得知太遲，被分配到遙遠的南部去授課，地點在成功大學。面授還得負責改考卷，記得期中考有一道是非題，僅出八個大字：「人不為己，天誅地滅。」標準答案是「錯」，但學生皆答「對」；我對此掙扎甚久，還是決定統統送分。那天返家坐在長途車上時，我感覺十分挫折，心想如此南北奔波到底值不值得？人生哲學即使考一百分，並不表示人生一定及格；而考試失利，也不見得做人必然失敗。生活實踐要歷經考驗，但不能完全取決於考試。

在這裏我們看見，做人與為學的評量標準不盡相同，甚至出現「不可共量性」。上學念書接觸的是異中求同的客觀知識，考起試來也較有標準答案；做人處事需要的是同中存異的主體智慧，目的主要在於改善與安頓生活。我講授這類通識課程時，從來不考試，而是讓同學寫心得。心得不同於報告；心得像說故事或寫日記，報告則是作文章。評量標準是以我在繳來的心得中，讀不讀得出作者的真實感受為依歸；換言之，以同學有沒有誠意跟我對話來給分。我上課時盡量去分享自己的想法，有人當耳邊風，有的則心有戚戚焉；這兩種態度當然不能一概而論，應該對有心參與者多予鼓勵才是。由此可見，誠意是相當基本的、生活化的做人態度，幾乎在任何時間、所有地方都可以加以落實，只要一個人有心，並且願意去做。

修身篇——

正 心

　　意誠體現為知行相符、表裏如一，心正則能夠執中道而行、無過與不及。在古代的教訓中，誠意正心並非不假外求，而是要從格物致知而來。學問工夫修養到家，做人道理自然了悟；這種由外而內的生活實踐，如今已經因為知識的分化而遭到割裂，只能藉由通識教育點到為止。人生在世，依靠聰明才華或許可以成就大事業，但是唯有憑著正道智慧方能保平安。遠的不說，最近的人與事就讓我想到王又曾：一個曾在商場中呼風喚雨、在政壇上遊走高層的紅頂商人，擁有萬貫家財，到老竟因不法經營東窗事發而遁走國外，卻又如喪家之犬般在異鄉身陷囹圄，坐美國苦牢過新年，真是情何以堪！想想老先生八十開外，不諳洋文，蹲在龍蛇雜處的非法移民居留所之中，會不會有「早知如此，何必當初」之感？「不種因，不結果」，誰不知曉這個道理，卻又選擇鋌而走險，只能說「自作孽，不可活」。

　　正心要求每個人心術要正，不可逾矩；這個規矩固然有法律在外面守著，但也有良心在裏面頂住。一個人若是昧著良心做事，到頭來只會把自己整垮。人貴自知，自知便是自我覺察的能力。通過自我覺察，始能產生安分的自我抉擇，而後形成恰當的自我決定；反之則會一步步自絕生路，終至自掘墳墓。有能力並且願意「自覺」的人，就能夠經由有為有守的「自抉」，達於

圓融無礙的「自決」境地；至於那些無心或不願為之的人，其下場不是「自絕」就是「自掘」，也怪不得別人。當然有人會説些「人在江湖，身不由己」、「當局者迷，旁觀者清」的托辭，不過心術正不正，當事人一開始便心知肚明；能夠暫時地成功、風光，其實是精打細算的結果。完全不會算計的人雖然難得出頭，但太會算計的人到後來卻只能流落在外，低頭思過。每當我從家中廁所的窗子，望見不遠處「東帝士」大廈的人家燈火時，又會想起另一個遠避他鄉的富豪陳由豪。

有時我不禁感覺，這個社會到處充滿顛倒夢想，以致於大家似乎見怪不怪。昨天下午我從學校搭捷運回家，看見附近大樓的外牆上掛著一片巨幅的廣告，原來是一名立委的宣傳品，心想年底的選戰，年頭便已開打。廣告辭自稱是最「正直」的人，我揉揉眼睛，還以為自己看花了；此君不是去年才跟女選民到汽車旅館開房間，被狗仔盯上後，堅稱是到裏面洽談公事的那位嗎？如今又大剌剌地站出來準備競選連任。我實在很好奇，這個選區的慧眼民眾，會給他什麼樣的評價？想想我們國會諸公，碩士博士一大堆，原本應該為民喉舌，善盡代議士的責任，但卻經常因為打架鬧場或是緋聞不斷而躍上媒體。識者憤憤不平地認為，什麼樣的選民選出什麼樣的人！但你我不都是選民嗎？我們是不是可以齊心協力，為社會做出有擔當的事情呢？

齊家篇——

性欲

　　一如前述，我主張以「格物、致知」所外爍的為學工夫，加上由「誠意、正心」所內斂的做人修養，共同形成完整的「修身」之道；立基於已修得正道的身心，始能次第開展「齊家」、「合群」、「治國」、「入世」的恢宏人生處境。現在來到齊家的階段，我想跟讀者朋友「談情說愛」一番，但一開始得從性欲入門。我並非佛洛伊德的忠實信徒，但是對他的泛性觀點印象深刻。佛氏為精神病醫師，根據臨床所見，早期發展出用性欲來解釋各種行為的診療策略；這雖然是一系科學觀察，但仍有其哲學的本源，那便是叔本華的意志說。西方哲學家大多主張人是依恃理性思考來行動，叔本華卻從古印度佛教思想得到靈感，相信生即是苦，因為人受到各種意志的驅策而身不由己，其中最強烈的便是生殖意志。會生小孩的女人正是生殖意志的高度體現，難以自覺擺脫，所以永遠不可能成為哲學家。叔本華忘記了讓女人會生小孩的全是男人。

　　性欲的力量到底大不大，反問自己便知道叔本華和佛洛伊德所言不虛。男人女人都是人，人的生活面貌，很難不跟性扯上一點關聯；至少人倫肇端於夫婦，華人最重視的傳宗接代之事，即是性欲作用的結果。在有效避孕尚未充分發展之前，人類想要享受魚水之歡，就必須付出生育的代價；如今性愛與生育得以完全脫鉤，性

欲的滿足遂起了革命性的變化。在這方面是否一如人們所想像的男女有別？就像有人説「女人為愛而性，男人為性而愛」那般不同？我想多少會殊途同歸罷！外國有個研究「視覺暫留」現象的實驗，用極快的速度連續放映各種圖片，山水、樹木、房屋、人物，什麼都有，快得讓人目不暇給，受試者連究竟看見什麼都説不上來。妙的是當實驗者在其中插上幾張裸女或裸男圖片，男人會出現瞳孔放大的反應，女性則不甚明顯，結論即是男人較「好色」。

　　果真如此嗎？我記得現任立委李慶安早年在華視當記者，有一陣成為駐美西洛杉磯特派員，她有一個趣味報導我至今仍有印象。有回她去採訪一樁脱衣舞酒店被取締的新聞，那家酒店以男性跳脱衣舞取悦女性觀眾而聞名，後來被鄰居告狀，理由並非有傷風化，而是妨害安寧。因為女客人看表演到激動處，會歇斯底里地尖聲狂叫，惹得左鄰右舍雞犬不寧；為息事寧人，酒店只好遷至沙漠中無人之處始能繼續營業。一般人總覺得男人本性狂野，女人天生含蓄，但這可能只是社會制約的結果；當女人有機會鬆綁後，瘋起來不見得比男人遜色，結論是女人同樣好色。告子説「食、色，性也」，好色乃人之天性。古代「好色」即「好好色」之意，其定義較廣，指喜歡美好的事物，當然包括性之歡愉。但性欲衝動只是起點，它既不能代表過程，更不應框限目的。人之異於禽獸者，便在於自覺地突破性欲的擺布，做出更深遠的存在抉擇。

齊家篇——

情愫

　　人生之中最難以安頓的事情，恐怕就是我們的七情六欲五蘊；而生活智慧得以發光發熱，也正是在這方面的自覺與自抉。長久以來，華人都不是以個人作為行動的基本考量，而是以家族的價值為依歸；像立身行道，即是為了彰顯父母，以無忝爾所生。在這種家族主義的氛圍中，修身的目的主要為齊家；即使是獨善其身，也不能光想到自己，而必須把家庭因素考慮進去。至於治國平天下等兼善天下的理想，則必須通過科舉取士的考試後，才有機會一展所長。中國自秦漢起置郡縣，全國僅兩、三千縣；隋唐起開科取士，三年才辦一次京試；雖然榮登金榜便有可能分發至地方當縣令，但千餘年來畢竟寥寥可數。在這種情況下，絕大多數中國人的立身行道，大概也只能修身齊家和服務桑梓了。就齊家而言，古代的大家族跟今天的小家庭實不可同日而語；本書著眼於現代人的生活智慧，便僅就眼前而論。

　　現代人講究自由戀愛，一旦相愛已深，見時機成熟，便約定完成終身大事。當然有的愛情長跑多年，卻無意定下來，頂多選擇同居而已。也有人奉行「合則聚，不合則散」的隨緣哲學，在情海載沉載浮，不停地漂泊。除去為了滿足肉體或金錢需求的一夜情與援交外，大多數人的情欲流動，還是有著一定方向，也就是指向特定對象。男女交往當然有性欲作為驅動力，也因

此帥哥美女常受到歡迎，因為第一眼的印象很重要，不過後面的情況就不一定了。與另一個人相識是偶然的因緣，但是否相契，則要看情愫能不能發動。「愫」指真情，亦即不摻雜利害關係的情感；兩性雖然相吸引，但來不來電，能否相看兩不厭，有時一開始便知分曉，有時還是得交往一陣子才確定。在交往的過程中，兩人的情愫不斷交融，若是達到「一日不見，如隔三秋」的境界，彼此就成為互相擁有的特定對象。

我常以「性、情、戀、愛」四字，去概括從戀愛到結婚的過程：由「性欲」發動「情愫」是談戀愛的階段，由「眷戀」提昇到「鍾愛」則為結婚成家的實現。把這一系想法套用在我的人學觀之中，便會發現「性、情、戀、愛」四階段，反映出「生物、心理、社會、倫理」四方面的人性，一旦融會貫通，便達於整體圓滿的「精神」境界。兩人相遇固然靠機緣，但要有性欲衝動，才容易把對方視為具吸引力的異性，否則只會看成是一個普通人而已。因此是做情人還是朋友，初始印象很重要；不過即使發展為情人關係，還是需要滲入幾分友情，始能長長久久。我有一陣開授通識課「愛情學」，同學們趨之若鶩，我則聲明不談八卦，只做哲學分析：一開始聞之不免失望，但假以時日倒也漸入佳境，到頭來不少人更滿載而歸。愛情正需要這種細水長流式的心情反芻，才不致被衝動牽著鼻子走。

齊家篇——

眷戀

「眷」原指想念不已，但「眷」字又用以指親屬；男女結婚成親，彼此相屬，不時想望，或可視為「眷念」下的「眷戀」，以示夫妻相戀情深。前面講的性欲和情愫只是愛情的條件；接下去要談的眷戀和鍾愛，則屬婚姻的性質。「眷戀」不妨想成「互為眷屬的戀情」，是婚姻的消極性質，亦即受到法律的保護和限制。男女在婚前可以劈腿，腳踏多條船，婚後卻必須忠於配偶，有人因此視婚姻為枷鎖。但在今日開放社會中，已經可以選擇不結婚的生活方式，為何還要自尋煩惱？問題正出在不少人行為前衛，觀念卻很保守；在知行不合一的矛盾下，婚姻品質當然無法獲得保障，更不必奢談提升，這或許正是離婚率居高不下的原因。婚姻破碎的主因常是婚外情，有人指責外遇的對象，我則認為重點在於「婚」而非「外」。不結婚就沒有婚外情，偏偏有人不適於婚姻生活，卻又選擇結婚，結果到頭來不但毀了自己的婚姻，還讓另一個無辜的人受害。

常聽到一句話：「家家有本難念的經」，意思是說，由夫妻組成的家庭裏，酸甜苦辣鹹各種滋味都有，卻不足為外人道也。我們大多曾經為人子女，現在可能已經為人父母，從而前後生活在不同的家庭中；再加上親戚朋友、左鄰右舍，看也看多了，多少了解家庭生活是怎麼回事。大家都可以體會出「家和萬事興」的道

理；光是「家和」一事，坊間就能夠找到許多討論的書籍。我不打算在此贅述，倒是想談談許多人家常碰上的一件事，那便是婆媳問題。我經常為在職的中年學生授課，發現職業女性關注的事情，不只是夫妻相處之道，還包括上下兩代間的問題。這也難怪，在華人社會中。結婚原本即非兩個人的事，而是兩家人的事。婚後小倆口若是單獨住，問題尚小；若是跟夫家一道生活，往往問題複雜，常形成「兩個女人的戰爭」。

我曾聽說一個故事，不知是否屬實？道是有對小夫妻住在夫家，一直沒有生兒育女的好消息，婆婆急了，經常半夜破門對兒媳曉以大義，但也沒出現令人滿意的結果。後來上醫院去檢查，生理方面一切正常，問題出在心理面。原來老母的過度關心，把兒媳的「房事」情調破壞無遺，當然連孫子都給耽誤了。這或許是一些家庭的寫照，卻反映出傳統文化的影響無所不在。即使不生活在同一個屋簷下，婆媳關係如何磨合，還是值得關注的大事。而沒有老一輩影響，婚姻生活要彼此適應，也得費一番功夫。我有個朋友喜歡浪漫情趣，太太卻羞澀保守，新婚不久竟為了行房要不要開燈而鬧彆扭，經過好一陣才逐漸調和。所以我說結婚不是床上多一個人、桌上多一雙筷子那般水到渠成、自然而然，反倒是兩個人生活史的多重交織；織出來是一片錦繡還是一堆破布，就看兩人是否齊心協力了。

齊家篇——

鍾愛

　　我所服務的學校在臺北市中山北路五段，而三段正是有名的婚紗街；我太太念的是服裝設計，還在其中一家婚紗店擔任過造型工作，可以隨時沾些喜氣。多年來經常看見喜宴時擺在門口的婚紗照上，印有「鍾愛一生」幾個大字，這是指彼此全心全力地相愛的意思，用以鼓勵新人持之以恆、止於至善。我結婚二十多年，體會出婚姻確實是一種志同道合的親密關係，否則難以為繼。過去我常用「同志愛」來形容婚姻的積極性質與最高境界，但近年「同志」二字已另有新解，乃改以「鍾愛」視之。鍾愛即是兩人攜手走完大半生。早上讀報，看見一位高齡一百零八歲的老先生壽終正寢，他的老伴則早他一步於兩年前去世；重點是他們二人共同締造了世上最久婚期的金氏紀錄，長達八十六年又四個月。試想牽手八十年是何等情景，有待大家發揮想像力。

　　結婚成家確實需要志同道合，尤其是立業和生子二端。夫妻的事業發展必須互相配合，並找出可以協力的步調，否則容易拆夥。聽說從前某家無線電視臺有六位女主播，其中五人離婚，另一位則尚未婚。電視記者從早忙到晚，從臺灣忙到全世界，若是得不著配偶的支持和諒解，很難不勞燕分飛。此外生孩子的事也得協調好，否則貿然生下來，要讓太太自己帶，會影響她的事業發展；要讓父母帶，經常不見面就會變得陌生。我就

看過這兩種情形：太太為帶小孩，當了十年家庭主婦，再就業已困難重重；另外一對則是把小孩交給祖父母養，一個月去探望一次，孩子三歲時連爸媽都不認。這些都是現代人婚姻生活中的無奈，如何鍾愛一生，的確會面臨考驗。像我跟太太早就決定不生小孩，婚後我去讀博士班，就由她賺錢養家；待我拿到學位謀得教職，她便辭職繼續進修。能夠彼此協調配合，家庭生活才得以順利維繫。

　　說到生小孩，過去一直認為要多子多孫，如今則獨一無二。有回我去大陸講學，跟三、四十名年輕人閒談時，很習慣地問他們有幾個兄弟姊妹，答案竟然是完全沒有，這才恍然大悟，體會到對岸實施一胎化的徹底。一胎化政策自一九七○年代末期開始執行，當年的獨生子女，如今也到了適婚年齡。最近讀報，發覺大陸家庭的新難題，竟是小夫妻過年要到誰的父母家去團圓。過去小孩生得多，嫁出去的女兒自然是跟著先生回夫家過年；但如今家家單傳，生下女兒的老倆口若是每年都得自己吃年夜飯，也著實不近人情。協調結果為不在同一城市則每年輪流前往，住得近的則乾脆三家六、七口人一塊兒上館子慶賀，既省事又不傷和氣。這是大陸的情況，臺灣的發展似乎更令人憂心；假如有越來越多年輕夫婦像我們這樣，走頂客族的無後主義路線，則無子化終將導致沒有團圓飯好吃的窘境。我今年的九天年假，正是以寫作本書終日伏案度過的。

齊家篇——

自　處

　　華人「齊家」的最高境界為「五代同堂、五世其昌」，但是走進後現代多元社會，「一人吃飽，全家不餓」的情形，是否也算得上是從修身到齊家呢？相對於獨身者而言，我的無後思想只不過是折衷主義。臺灣不像某些社會福利辦得極好的歐洲國家，會鼓勵未婚生子；因此選擇獨身，也就等於決定無後。一旦到頭來恐怕連送終的人也沒有，讓許多人聞之不免覺得悲哀。「養兒防老」是長遠的民族教訓，流傳至今卻可能完全無效，反倒是「久病床頭無孝子」來得貼切。我有一位獨身長輩晚年去住養老院，鄰床的老先生每天都在誇讚兒子多麼聰明伶俐、事業有成；事實呢？媳婦每月來繳一次錢，坐不到五分鐘便走了，兒子則從未出現過。在現代社會裏，人們的自主性高，人情冷暖也勉強不來；除了希望政府多推動老人福利外，鰥寡孤獨者也必須懂得自求多福之道。

　　過年間有老同事來電相約泡茶，我便暫時擱下筆，出去輕鬆了三個小時。算算六名老友是在二十五、六年前共事過，如今相聚則不免細說當年。印象較深的是，席間一位女同事，正是當年為辦公室同仁打造刻有名字茶杯的神秘人物之一；此舉讓大夥兒感動了許多天，也猜疑了好一陣。話說那年三名三十上下的粉領族，結伴去學陶藝；幾個月下來的成果，是為同仁捏了二十六只

刻有各人名字的陶杯。她們趁著一大早尚未上班之際，悄悄地將杯子放置在每個人桌上，令所有人驚喜了整整一個禮拜；還是因為有人以為這是老闆的德政，才使真相曝了光。這三位同事一人喪偶、一個離異、一名未婚，單身的她們原本相濡以沫，結果相互激勵，更為自己和別人帶來生活裏的意外喜悅。那天看見仍然不婚的老友，聽她興奮地講到即將開張的個人設計工作室，便覺得青春還停留在她身上。

　　說點未雨綢繆的建議：一個人若是選擇單身自處，或是失去親人而成獨居，就有必要為兩種「後事」預作安排；一種是晚年後期的生活，另一則是身後之事。後半輩子的事得買保險以規避風險，後事料理也可以藉著生前契約而解決。此外多結交些好友，經常噓寒問暖，也免得坐困愁城，變得鬱鬱寡歡；更嚴重的是在家氣絕多時都沒人理會，可說是晚景淒涼。理想的人生腳本收尾處，最好是是子孫環伺，安享天年；到頭來無疾而終，壽終正寢。但想也知道，這種情形可遇不可求；我們只好退一步看，是否能尋得其他平安善終的途徑。現代醫藥發達，人也能夠活出應有的水準；像臺灣人男女平均壽命達七十五歲，即使到六十五歲才退休，也可能還有十年清福好享。這時候確實要想清楚如何自處，否則心生怨尤，退休成了人生的退步，則絕非你我所樂見。

合群篇——

社 區

　　住在都會區裏的人大家都忙，難免人情淡薄；有時也受到環境所限，不容易親近。記得我曾經有七年之久，是居住於一排五層連棟公寓的三樓，沒有電梯，二樓以上的八家共用一個出入口。由於經常上下的關係，我大致認識三樓以下的五家，其上則僅為點頭之交，也不知道別人住幾樓。這種連棟住宅嚴格說來，每層有兩戶鄰居，即左鄰與右舍。我的左鄰因為一開門偶爾會遇見，還有機會聊上幾句；右舍卻是七年來只聞馬桶響，不見人下來。這話一點也不誇張；兩家廁所風窗相通，隔壁抽馬桶、打罵孩子、夫妻吵架的聲音，幾乎時有所聞，但是因為上下樓梯口不同，直到我搬離該處，還是沒有同右邊的鄰居打過照面。常聽說，資訊社會「天涯若比鄰」，我的都會生活體驗卻是「比鄰若天涯」；事後想來不免悵然，卻是千真萬確的現代人生活寫照。

　　搬到目前的電梯型六層公寓也有八年以上了，情況較從前明顯改善許多。首先為法律規範，集合住宅必須有管理委員會的設置，算是為社區的形成打下穩定的基礎；再者電梯上上下下，鄰居住幾樓多少也有點譜。更有意思的事情是，近年政府規定垃圾不落地，否則開罰；於是時間一近，左鄰右舍便拎著大包小包，到巷口去等候垃圾收集車，閒時偶爾聊上幾句，對敦親睦鄰的功能不無助益。社區主義在這些年來，已逐漸由口號走

向實際；一小群一小群的人，開始有了榮辱與共的意識，讓社區從城市到鄉村遍地開花。臺灣幅員狹小，人口稠密，人們雖然向都市集中，鄉間卻鮮有杳無人煙的地方，也就沒有太大的城鄉差距。從文化建設的角度看，社區總體營造可以強化在地人的認同感，無需一味追求現代化、全球化。古時讀書人經由十年寒窗苦讀，然後一下子從修身、齊家，走上治國、平天下的生涯活動；現代知識分子已經少有這種機會，理當轉移注意力至社區服務上，此即「合群」。

　　合群意味著將自身融合到群體中，形成彼此聯繫和關切的共同體，也就是社區。「社區」與「共同體」在英文裏是同一個字，只是前者還包括地理空間，後者強調成員屬性；例如大廈住戶構成一個社區，同業公會則屬於一個共同體。當我們身修家齊之餘，不妨為自己身處的社區或共同體多盡一份心力：在民主社會裏，社區和社團的蓬勃發展，其實已經分攤了治國的責任。社區管理正是基層民主，它跟我們生活品質的良窳息息相關；如果不希望住家附近環境和居民的人際關係，像一盤散沙般混亂疏離，就應該主動參與改善。記得念小學時，老師對我的評語乃是「不太合群」。我在很長的一段時間裏，並不瞭解「合群」的意思；如今年歲日長，生命情調益發孤獨，做人處事卻不像過去那樣特立獨行或自行其是，反而更加包容別人，接近別人，這算不算是有所長進？

合群篇——

社團

　　華人成就自我的方式，原本是順著「格、致、誠、正、修、齊、治、平」一路開展，亦即「大學之道」；如今我對之重新詮釋，將「格物、致知；誠意、正心」視為「修身」的為學與做人工夫，並在「齊家」與「治國」之間列入參與社會的「合群」一項，而後將「平天下」轉化為關心地球的「入世」實踐。合群是指投身於群體，此一群體可以小自社區、社團，大到族群、民族；現在我要討論的社團，便屬於典型的共同體。社團指向社會團體，具有法人地位的組織便稱「社團法人」；民間許多非營利機構，如學會、協會、基金會等皆屬之。合群的方式正是參與其間，成為會員或志工，這也算是為社會盡一份心力。社團不單是社會團體，也可以體現為次文化活動愛好者的群聚；像我家附近公園有一塊遛狗專區，每逢週末假日，便有飼主用網路聯繫，帶著同種愛犬到此「網聚」一番，頓時人狗喜相逢，好不熱鬧！

　　我們在學校裏參加的社團，就屬於這種次文化的課外活動；猶憶起我初中迷集郵，高中愛編刊物，大學喜歡粉墨登場，都有相應的社團，讓自己樂在其中。如今當上學者，得到不少學會與協會的邀請加入，因此也能結交同道，增廣見聞。不過我的個性好做邊緣人，凡事不喜介入太深，也因此跟所有團體活動皆若即若離，更

不適合當主管或領導者。人貴自知；我既不善管人，又不喜被人管，做個獨立自主的大學教師最如我願。要我在合群的議題上大肆發揮不免慚愧，好在老師總是坐而言的機會較起而行來得多，我也就努力地發表高論了。當初選擇走文科的道路，我已經心裏有數，將來不是耍嘴皮誤人子弟，就是耍筆桿鬻文維生。如今我兩種都幹得尚稱得心應手，一天最高記錄可以連上八堂課，或是寫上萬把字，這或許就是我參與社會的途徑吧！

　　去年深秋，我應一位殯葬業的老闆級朋友之邀，到北京參與為期三天的殯葬設備及用品博覽會，並且在他設置的大型攤位一隅，宣傳我的殯葬教育理念。會後他興沖沖地談起要在大陸拓展事業，介入逐漸開放的殯葬市場。我推動殯葬教育七、八年，卻從未真正涉足此一行業；老闆突然開口探詢，問我有沒有意願下海從商，擔任地區經理人。我明白他的意思，是想讓我當一個大城市的殯儀館館長。我雖然念過企業管理研究所，也對殯葬事業充滿好奇心，但是在大陸把一個陌生的重任交到我手上，並非我這個教書匠所能擔當的，因此也就感激心領了。回來後我經常想起這件事，總是不禁莞爾。想像自己去掌理禮廳、火化爐、公墓、納骨塔等殯葬設施，其實也挺有趣的。何況我還有個老同事，曾經從大學管理學院院長的位置，跳槽到臺灣三大殯葬集團之一去當執行長，有回碰上過年員工休假，便自己下到基層負責接送遺體。事在人為，合群也不例外。

合群篇——

族 群

　　走筆到族群議題，我的心情便開始沉重。今天正好是「二二八」六十週年，看見李敖在「全民開講」節目中發飆，不禁覺得一個紀念和平的假日之意義，似乎已經變調。再加上近來要把中正紀念堂改名、將慈湖搬遷的呼聲此起彼落，舊日統治者的命運，看來更為多舛，而這也益發加深了對立族群的不幸。其實我更關注的議題，是這幾天才拍板定案的十二年國民基本教育，預定後年正式上馬。臺灣的大學入學率已高達九成，將高中職列為基本教育，只是使教育體制更為健全完備，我當然樂見其成。何況我目前擔任的工作正是師資培育，普及高中職，能夠讓師資生更有出路，以降低所謂「流浪教師」充斥的壓力。拼經濟、辦教育，都是促進族群和諧的良方；偏偏在選舉即將到來的氣氛帶動下，族群問題又被拿出來大肆炒作。如此一來，多少教育的苦口婆心也都白費了。

　　孫中山指出，政治乃是管理眾人之事；但眼前檯面上的政治人物，彷彿應該先行自我約束才是。曾聽人說，有些事不宜公開談，政治與宗教是也，以免一言不合傷和氣；至於戀愛，則只適合私下談，同樣不足為外人道也。不過我認為這種態度嫌消極；政治既然是眾人之事，還是可以好好談、平心靜氣的談，以謀解決之道。如今我寫作本書給讀者朋友們閱讀，彼此都在尋找

現代人的生活智慧；生活既脫離不了現實，而生活在臺灣的人民，現實中總少不了政治。尤有甚者，一逢選舉年，則凡事必跟政治掛鉤。十二年國教固然好，但是在把中國史教成外國史、文言文亦不敵鄉土文學的情況下，高談提升教育，無異緣木求魚。今天看電視新聞，報導總統確實計劃在高雄購屋以迎接退休生活。高雄風光明媚，人民熱情，無疑是個好去處；但是如果把寶島管理得處處是桃源，豈不更盡如人意？

　　我認為人既無逃於天地之間，就該學會如何頂天立地。現今臺灣人的生活之中，族群問題是一抹揮之不去的陰影，只能學習與之和平共存；否則越發擴大，只有撕裂一途。記得前幾年，聯合國秘書長曾經出面調解塞浦路斯問題；塞島位於地中海東側，上面有土耳其及希臘兩種族裔，因為種族和信仰不同，迭起衝突。鬧到後來，土裔塞人索性在土耳其大軍助陣下，割地宣布獨立，而將島國西東一分為二；問題是土屬境內仍有希臘居民，仍會群起反抗，反之亦然。解決之道只好用交換人民及土地來達成。我不禁要反思，此一模式倘若搬到臺灣來，藍綠支持者劃濁水溪為界實施分治，會是何等情景？但中共恐怕不待我們隔海分治，就會揮軍渡海而來，霸王硬上弓實施一國兩制；如此一來，看誰會得不償失？

合群篇——

民 族

　　塞浦路斯的衝突是民族與宗教的對立，有其歷史淵源與國際勢力的影響；臺灣的矛盾則屬族群與意識型態的不相容，同樣具歷史及國際因素。這種劃地自限的作法，必須有所收斂，否則沒完沒了。我上學期為了給外島碩士專班研究生授課，來回六趟馬祖，的確讓我開了眼界。馬祖列島屬於閩東文化，跟閩南文化大異其趣，連語言都不相通；目前由親民黨執政，與臺灣本島的關係淡薄得很，反倒是同對岸走得極近。在中華民國的版圖裏，金門和連江兩縣屬於福建省，其省政府亦設在金門；金門由新黨執政，與連江的親民黨同屬泛藍陣營。明年大選若是繼續由綠色執政，恐怕不免更深化主權意識；我很好奇，一但臺灣宣布獨立，金馬地區會如何反應？是加入臺灣，還是另行自組政府，抑或回歸大陸？這並非笑話，而是嚴肅的邏輯問題，與嚴重的生死問題，有待我們用智慧去化解。

　　族群問題是否真的有解或無解，將在總統大選中見真章；合群在此的真義，便是少數服從多數。不過應再三提醒的是，無論那一黨上臺執政，都不能忽視最大的反對力量，其實來自對岸的共產黨。族群問題同時也是兩岸問題。然而兩岸都擺脫不掉民族文化問題，像我們的民主政治屬於前所未有的臺灣經驗，大陸的社會主義要標榜中國特色等，都暗藏著西方思潮同中華文化的磨

合與張力問題。不可否認的，臺灣文化乃是源生於以漢民族為主的中華文化，若是因為政治因素而無理性地去中國化，恐怕關老爺和媽祖婆都得請送回老家才成；但如此一來，臺灣將徹底失根。美國是由英國殖民地獨立而建國，也不見美國人就拒絕莎士比亞。臺灣若是能精緻地保存和維護中華文化，說不定更能彰顯自己的主體性與能見度；故宮的珍藏受到全球矚目，不是讓我們被國際看見的最佳宣傳嗎？

民族也是一個個的群體；大陸學者歸納出，中華民族是由五十六個民族所組成，人數最多的漢族超過十億，最少的東北赫哲族則僅有千餘人。由此觀之，漢族占了全球人口六分之一左右，相信也是世上最大的民族。科學家根據基因分子正本清源，發覺已無所謂純粹漢民族。像我的祖先即來自元代蒙古，姓氏且為皇帝所賜，但七百年來已大致漢化；不過知道自己有異族血統，卻讓我與有榮焉。重點在於我們今天活得如何？政府為了照顧外島，使金馬地區的資源頗為豐富；相形之下，原住民聚落的建設就顯得落後了。身為南島民族的臺灣原住民，在漢人統治下已成弱勢族群，夾在藍綠相爭中不知何去何從，看了更令人覺得遺憾。其實最有資格自稱臺灣主人的乃是原住民，反而被佔絕大多數的閩南人後來居上。值得一提的是，目前外籍配偶的人數已直逼原住民，皆為四十萬人上下；臺灣之子的母語既已多元發展，我們為何還要撕裂族群呢？

合群篇——

城 鄉

　　現代人的生活安頓，除修身、齊家外，大致即以合群最為重要。「合群」是指積極參與社會性活動，尤其是為社區服務，以及透過社團發展生涯；此外也應該對促進族群和諧與關心民族平等作出貢獻。我自幼生長在臺北，除了多次赴美國洛杉磯求學及探親，加起來總共待過一年以上；再者就是經常往大陸跑，其中為了學習或授課，曾經在上海、成都和濟南各停留近一個月。我這一生超過半百的歲月中，可說是道道地地的城裏人；唯一例外便是在嘉義鄉間居住了三年半，那可以說是我一生中最愜意和悠閒的時光。蟄居期間，我逐漸習慣蟲鳴鳥叫和鄉間小道，尤其對壁虎的鼓噪聲十分耳熟。我頭一次耳聞壁虎叭叭作響，是在成功嶺受訓期間，覺得甚為新鮮；後來才知道北部的壁虎多悶不作聲，中南部的才會此起彼落。不經一事，不長一智，鄉居生活雖然短暫，卻帶給我全新的生活視野和生命情調，值得一提。

　　一九九七年八月，我出任南華管理學院生死學研究所首任所長，搬進學校為教授們精心規劃設計的小木屋學人宿舍，展開往後三年半的鄉間傳奇。南華位於嘉義縣大林鎮外七公里的甘蔗與鳳梨田畝和山林之間；在山巔上，隔著一道溪谷，可以遙望對面的中正大學。我是開辦第二年進去服務的，當時就有五、六十位老師，引

領著兩百多名學生進德修業。由於是新設不久的學校，許多教師都是由都會區轉任聘進來，在城裏還各有家室住房，於是到了週末假日便會紛紛歸巢。大伙兒南北奔波，不久便司空見慣，後來才知道對面中正大學的情形也是一樣。這大概是臺灣經濟與教育發展的一個有趣的現象。一般鄉間子弟求學謀職都往大城市跑，唯有學者教授紛紛下鄉任教；因為有一陣教育部開放廣設大學校院，城裏找不到大片土地建校，倒是中南部的臺糖國有地可以租借利用，於是一座座學院或大學便在甘蔗田裏冒出來了。

　　對我這個城裏人而言，鄉間生活令人心曠神怡；我每天開門見山，還不是一般的山，而是著名的阿里山。學校就在阿里山腳下不遠處，學生半夜騎摩托車上山趕著看日出，再回宿舍睡回籠覺，並不令人稀罕。我在此地開始時唯一不太適應的是語言問題，後來應酬多了，加上美酒、檳榔、香煙紛紛入口，跟地方人士搏感情倒也無礙。當年二高尚未通車，中山高則在拓建，南下北上經常塞車。我為了打發無聊和瞌睡，買了幾卷錄音帶沿路聽、大聲唱，三年下來紮實學會十二首閩南語拿手歌。回北部任教後，跟一些本省朋友去演歌場歡唱時，他們驚訝於我這幾年的鄉間洗禮，竟然可以把「雙人枕頭」和「春夏秋冬」詮釋得字正腔圓，我則笑曰這些都是「酒後的心聲」。我近來越發納悶，為什麼阿里山腳下沒有族群和民族問題，臺北街頭卻比比皆是？

治國篇——

以史為鑑

　　治國平天下是古代成就人生事業的理想目標，不能完全用現代眼光去看待。「三綱八目」之說原出於《禮記》，這是孔子時代的思想，屬於東周春秋時期，距今二十五個世紀。當時的「國」與「天下」等概念，與現在的理解大異其趣；那時候的諸侯國如果都能自己治理好，且彼此相安無事，則周王室的天下就算是太平了。而今日全球大國小國加起來近兩百個，大小也有天壤之別。當中國宣稱正在「和平崛起」，四方鄰國則深表疑慮，而美國更視為頭號威脅。此外我們這些生活在臺灣的兩千三百萬人民，更無奈地陷入一種國家認同危機之中。臺灣跟大陸剪不斷、理還亂的歷史情結，以及拿不起、放不下的愛恨情仇，在在耗損著各種社會資源，連帶也影響及人民的生活品質。身為一個公民，當我們想實現「治國」理想時，該如何著手起步？我認為從歷史反思開始，是相當不錯的進路。

　　提起歷史，我就想起一位曾任故宮博物院院長、現任教育部部長的學者杜正勝。我身為大學教授，而他就是我們所謂的「上級長官」了；只是我從未有機會跟他對談，但有兩次不經意地接近他的身影。頭一次是二〇〇四年底，中央圖書館臺灣分館在我家後面的中和公園裏開張，由於館長廖又生是我以前同事，因此前去看熱鬧。那天冠蓋雲集，由部長、館長、市長和中央民代

連袂剪綵，然後大伙兒沿樓參觀。此館為臺灣最大的公共圖書館，設備新穎齊全，藏書豐富，屬於特藏的臺灣史料尤其珍貴。當天一行人登抵六樓臺史專櫃前，工作人員小心翼翼地拉開一張大抽屜，裏面陳列的竟是部長最為心儀的福爾摩沙老地圖，而且是繪成橫躺的那幅，完全符合他那具有高度臺灣主體性的「同心圓理論」。我看見部長低頭細賞，駐足良久，可以想像他作為一名歷史學者的精神滿足。

杜部長以中國上古史研究知名海內外，並獲選為中央研究院院士。他用理論建構來印證和支持臺灣主體性，屬於學術研究自由下的成果；但是當他膺任中華民國教育部長，卻把自己的理論逕行付諸實現，成為教育政策的一部分，就屬於意識型態宰制，而有待商榷了。當學校裏教的中國史，不再是本國史而變成外國史的一部分，可謂茲事體大。這些顛覆傳統的作法，不消幾年就可能積非成是；至於我們這種守舊的學究，大概也隨著時光流轉而灰飛煙滅、無影無蹤，連歷史都沾不上邊。每個人都不願意被遺忘，統治階層更是如此。有一年我在上海的書城閒逛，赫然發現一套十冊的《中華民國史》擺在我眼前，斷代於一九四九年。中華五千年的改朝換代，一向都由後代治前朝的歷史，人民共和國寫民國史也屬必然；那麼臺灣這一段呢？是否也像鄭成功的功業列入南明小王朝，而寫進清史外一章那般？我現在終於開始體會到歷史學者的用心良苦了。

治國篇——

遠古王朝

　　年近五十四歲，有一點值得慶幸的，那便是自己已經比秦始皇活得長啦！始皇帝為大一統的中國千秋萬世奠基，卻在四十九歲便壽終，由千萬尊秦俑陪伴著他入土。一九九三年正月初四上午，我站在北風蕭瑟的秦始皇陵前，聽到的不知是黃土下的萬馬奔騰，還是內心裏的澎湃悸動？秦始皇滅六國一統江山，開創出一系的家天下帝國，至二十世紀初期而告終，共歷兩千一百多年。而在這之前，中土人民還有兩千多年，是在三皇五帝以及夏商周等王朝的統治下；治國平天下的大道理，正是周代封建思想的產物。由於「封建」二字經常為大陸人士掛在口中、形諸筆下，在臺灣乃被視為八股教條的辭彙。其實「封建」即指封土建國、世代相傳；近現代西方國家也有此制度，至今猶存，但世襲的似乎只有空名頭銜了。因為封建的關係，才讓孔子有機會周遊列國，讓諸子百家大放異彩。三綱八目思想要放在這個特定脈絡中看，始能彰顯其意義。

　　有道是「分久必合，合久必分」，中國歷史上的改朝換代，分分合合，在現今年輕人看來，或許只是一堆記誦的年代和枯燥的考題；但在當時情境中，卻可能是千萬人頭落地、血流成河的悲慘景象。戰國時代失敗的一方被坑殺五十萬人，如今雖然僅存寥寥數語；但氣勢雄偉的萬里長城，卻反映出敵我對峙的張力，而孟姜女

尋夫的傳說，也成了小人物悲情的投射了。如果我們被時光隧道送回那個時代，恐怕也是生死難卜；但我卻始終對春秋戰國時期百家爭鳴的現象，感到十分羨慕。如果孔子問學於老子的傳說確有其事，則二人當屬同一時代的人物；令人吃驚的是，孔子代表的儒家、老子代表的道家、釋迦牟尼代表的佛家、蘇格拉底代表的希臘哲學，以及猶太教代表的一神宗教，幾乎同時出現在距今兩千五百年前後。德國哲學家雅斯培稱此一時期為人類文明的「第一軸心」，他寄望今天的人類可以開創「第二軸心」。我們能嗎？

中國遠古時期的王朝，三皇五帝屬傳說人物，夏商二代還停留在氏族部落社會，直到周初才實施封土建國。有土斯有財，農業社會於焉展開。農業活動讓人民安土重遷，如果能夠善盡人力地利，就能達到利用厚生、經世濟民的目的，此即治國之道。生活安定下乃有社會活動分工，當時出現一種名為「士」的階層，也就是讀書人，願為封建主諸侯獻策，以實現自己的治國理想，孔子便屬其一。只是老夫子的道理太深奧高遠，不為當政者接納；失意之餘，回家講學授徒，竟開創出千古志業，成為不朽聖人。聖人之所以為聖，就在稀世而珍貴，其後剩下來的人，當追隨其腳步起而效尤，以期「有為者亦若是」。撫今思古，在歷史的漫漫長河中，我們可以淘洗過濾出什麼樣的生活智慧？還是就這樣在不知不覺中隨波逐流，不知所終？

治國篇——

家國帝制

「國家」二字為人們所熟悉和運用，但二者原本各有所指；孟子曾經把天下國家和個人自身加以區別，大致反映出修身、齊家、治國、平天下的次第開展。在孔孟所屬的春秋戰國時代，周王有天下，諸侯治國，卿大夫理家，但所有人都不能忽略修身。這是儒家的人倫理想，在孟子以人性的善為依歸，到荀子卻看見人性的惡，於是強調用禮樂加以規範；一旦規範流於形式，便逐漸走向法家的嚴刑峻法，終為秦王所用，成為中華大帝國的張本。秦始皇好大喜功，不喜歡仁義禮智信、溫良恭儉讓那一套，一怒之下甚至焚書坑儒，但霸氣也的確讓他成就了不朽功業。讀中國史會發現一個巧合，那就是盛世之前常出現一短祚朝代為序幕；漢之前的秦代、唐之前的隋代便屬之，宋之前的五代、明之前的元代亦類似。如今人民共和國則自視為民國繼承人；何況當孫中山晚年聯俄容共之際，也曾說出「革命尚未成功，同志仍需努力」之語，更予共產黨政權鞏固其正當性。

帝制是標準的家天下。今天我們小老百姓說「國家」，沒有國那有家；而古代帝王想的則是「家國」，沒有家那有國。家天下就不再封土建國了，過去世襲封建勢力則被皇親國戚、王公貴族所取代；兩千多年的改朝換代史，一言以蔽之，土地重分配而已。既然是家天

下，天下英才皆為我所用，歷代乃發展出各種取仕制度，其中尤以隋唐以後的科舉考試，影響最為深遠。讀書人懸樑刺骨、埋首苦讀，但求「十年寒窗無人問，一舉成名天下知」；一路從鄉試、省試考入京城，從秀才、舉人上達進士，最好能在殿試御前高掄狀元，甚至點選為駙馬爺。這正是千萬書生夢寐以求的登峰造極途徑，而人們的青春歲月也在其中消磨殆盡。此處講的還是識字者的命運，其他各行各業目不識丁者，只能將手藝在師徒父子之間代代相傳；一個「超穩定結構」的大帝國，就這麼綿延了兩千多年。

中國人自稱「中國」，有天下中心的意味；不過天下到底有多大，每個時代的認知各不相同。到了清代後期西學東漸，民智漸開，乃有習洋務、授西學之議；保守分子卻充耳不聞，終於引來覆亡之患。當船堅炮利的洋槍大炮兵臨城下之際，中國的門戶便不得不開放，外國的精華與糟粕率皆一湧而入，神州大地頓時成為西洋文化的試鍊場，而廣大人民未蒙其利先受其害。回顧近百年歷史，軍閥割據各有外國勢力在背後撐腰不說，日本侵華是其西化維新之後必要的向外擴張之舉，國共內戰則代表資本主義與社會主義兩大勢力的競逐角力。在這期間，臺灣曾經脫離中國，割讓給日本長達半世紀，為今日執政者強調島國主體和民主自決埋下了伏筆。這一切的一切，都是你我現實生活的時空脈絡和文化氛圍；文化意指「一個民族的生活方式」，正需要我們善用智慧去加以貞定。

治國篇——

自由主義

　　一九九八年九月我去澳門大學開會，期間主辦單位邀請一行人北上廣東省中山市旅遊，第一站便是孫中山故居。對於在臺灣長大的我們而言，「翠亨村」是一個熟悉得不得了的地名，幾乎就像自己家鄉那樣耳順。那天我好奇地到處張望，除了西式馬桶引起大家注意外，最讓我駐足良久的，是一棵四周圍上柵欄的大樹；他的意義就跟北京故宮後方景山上那棵受保護的槐樹一樣，都曾經終結了一個擁有兩百多年歷史的帝王之家。景山之樹有崇禎皇帝在其上自縊，明祚為傾覆；中山之樹則有小小孫文在其下，聽洪楊老兵講太平天國的故事，於心中埋下革命火種，終讓滿清政權及整個中華帝國步入歷史。說起太平天國，就不能不想到洪秀全；此人屢試不中，卻因病中靈動，受了洋教上帝的啟示，開始到處布道，從而遇見同樣不得志的各色人物，結拜為兄弟，進而大膽造反，卻意外地在幾年內打下半壁江山。

　　馬上得天下也許是機遇，馬上治天下卻需要智慧與能力；當洪秀全坐上南京天王府金鑾殿時，大概不會想到自己的小王朝，會在十幾年內即土崩瓦解。但是這把革命的火燄，的確燒出了滿清政權的積弊與弱點，而予孫中山極大啟發。然而孫中山雖然建立了民國，革命終究沒有成功；他視共產黨為同志，身後卻遭蔣介石清黨，從此導出國共衝突的源頭。從今日現實面看，共

產黨取得江山、建立政權，並且宣稱他們繼承孫中山遺志，完成了革命的歷史任務。這也為什麼我在一九九三年十月初，隨銘傳校長包德明女士赴北京開會時，在天安門廣場看見百花齊放，圍繞著巨幅孫中山遺像，起初大感驚訝、隨後又能理解的原因。那天正是大陸國慶次日，我先是覺得孫中山和毛澤東兩位革命家的肖像遙遙相望甚具深義，繼而在旅館中看電視轉播俄羅斯總統葉爾欽派裝甲車砲轟國會大樓，迫使議員投降就逮的畫面，更確定革命不是請客吃飯，而是流血流汗。

　　共產黨把孫中山的成就視為資產階級革命，只算是部分成功；唯有由共產黨領導的無產階級革命，方能剷除一切障礙，達成世界大同的境界。然而到了一九八〇年代，中共政權還在反對「資產階級自由化」，終於釀成不幸的「天安門事件」。當無產階級自詡為社會主義者之際，資產階級便與自由主義劃上等號，成為革命道路上的障礙，必須加以剷除。自由主義其來有自，可以回溯到最近成為英鎊鈔票人物的經濟學家亞當·斯密所著《國富論》；他主張各國開放貿易市場，彼此自由競爭，政府不要干涉，讓市場機能決定一切。這種使資本活絡的經濟自由主義，後來與反對封建政體的政治自由主義合流，後者提倡行政、立法、司法三權分立的體制。自由主義於十七、十八世紀先後有英國、美國、法國革命作為試驗，至今仍然順利運作；但在地球的另一面，俄國與中國的社會主義革命於二十世紀相繼爆發，人類又面臨了文明絕續存亡的重大考驗。

治國篇——

社會公義

　　平心而論，社會主義主張經濟分配首重社會公義，不能讓市場機能決定一切，這種觀點乃是人類自古以來，從未被澆熄的崇高理想。問題是人性並非一開始便表現為大公無私，即使樂於「利他」，也往往出於「利己」的理由。由此觀之，社會主義可以消除資本主義的弊端；但是一上來就推行社會主義，恐怕會帶來更大的弊端。這或許就是中國共產黨在走向共產主義革命後，又重返活用市場經濟的社會主義初級階段之原因。孫中山先生主張三民主義，其中的民生主義便帶有社會主義理想。有人認為社會主義為劫富濟貧，相當不可取；但是以自由為名的資本主義如果未加節制，就屬於劫貧濟富，更為不道德。事實上，從十九世紀以降，隨著海運大興，西方列強的殖民腳步遍及全球，資本主義與社會主義的競逐便已經開始，不過真正的消長卻出現在二十世紀。

　　對於我們這群生長於二十世紀後半葉的臺灣人民來說，看見並受惠於經濟起飛固然值得欣慰，但是生活上承受沉重的經濟和身心的壓力，也成為相對付出的代價。以我為例，學的是冷門的文科，三十五歲以前都是人浮於事，生活未得安頓；其後拿到學位謀得教職，以為可以安心教書做學問了，卻因為首次購屋而背負一身的債。偏偏我買屋不久便碰上萬點股市大崩盤，市場

不再活絡，貸款利息頓時暴增一倍，高達百分之十二，與今日僅百分之二或三簡直不能比。七年後我忍痛把房子賣掉，重新過著租賃的生活；算算這幾年下來，房產雖在名下，實際上卻等於每月支付一萬五千元租金，兜了半天還是等於無殼蝸牛。當時心想，三民主義不是說「漲價歸公」、政府不是說要讓「住者有其屋」嗎？為什麼房地產飆漲、銀行放高利貸，小老百姓卻只能默默承受呢？但是如今看見大陸人民也步上此途，不禁感到社會公義的理想，真的已經日薄西山。

　　在這麼一個什麼都不確定的時代與社會裏，何者才是我們應該提倡的生活智慧？我主張實踐「為而不有」的人生哲學。多次領著研究生上陽明山林語堂紀念館參觀及喝咖啡，為的還是到他的「有不為齋」去玩味一代文豪的豁達心境。印象中這大半生讀過影響我最深的書，便屬林語堂的《生活的藝術》。他年輕時的道家情懷流露筆下，深深地吸引著我，並讓我安心度過大學聯考、人浮於事、兼差還貸、職場鬥爭等一連串的人生低潮，幫助我撥雲霧重見青天，確實是我私淑的精神導師。重要的是，我從他身上體會出「有所為，有所不為」的進退自如與收放自如。記得高中時便寫下「澹泊以明志，寧靜以致遠」的座右銘，如今我提倡「知識分子生活家」的理想境界，其內涵為「社會公義，人道關懷；為而不有，反璞歸真」，謹與讀者朋友共勉之。

入世篇——

資訊流通

　　小老百姓沒有什麼治國之方，唯有用選票表達自己安身立命的期望。人過中年，彷彿真的變成一個膚淺短視、面目可憎的中產階級，但我的確希望在安定中求進步。我願意付房貸，但是不希望利息太高；我有心參與社會，方式則是在課堂內讓更多的人潛移默化。我不喜開會逢迎，所以不逐位；我不善管人管事，更不願被人管。當大學教授的特點為自由自在的服務業，好處是沒有升等壓力，可以海闊天空地為學與做人。邇來我越發樂於獨處寫作，盡量避免登臺演講。我一向予人第一印象不佳，偏偏這是演講的要件；對此我寧可在課堂坐著跟學生開懷閒聊，無拘無束地歡度整學期。最近我看見以前不諳電腦的老長官，竟然在網路上玩起自己的部落格來了；而學生也不斷慫恿我把自己的文章貼上去，供大家欣賞、討論、批評。在資訊流通快速的時代，這的確不失為一種參與世界的好處，我會慎重考慮。

　　我所倡議的生命安頓與生活實踐，包括五個階段：修身、齊家、合群、治國、入世；其實後三者都屬於關心與參與的表現，只是對象不同而已。合群、治國、入世分別指向對於社區與社團、政治與經濟活動，以及全球發展的關注與投入；而範圍越大，關注的成分也就越發大於參與的份量。一旦關注於世界，我立刻想到兩件事：網路聯結與全球暖化。近日報載日本東京已經打破

一百三十一年冬天未下雪的紀錄，而美國各地大雪釀災的景象也是多年所僅見。我雖然因為感冒久咳不癒，而慶幸今年過了一個暖冬，未使病情惡化，卻還是對全球天災不斷憂心忡忡。不過這件事我想留在後面再談，現在先讓我們思索一個眼前的現象：曾幾何時，電腦已在不知不覺當中變成我們的基本家電。像我現在眼前就擺著一尊黑呼呼的顯示器，不用時，我一定用方巾把它遮住，以免它老盯著我，怪不自在的！

　　說來有點諷刺好笑，我雖然當過兩年資訊管理系代理系主任，卻始終懷抱著電腦情結，對它既接納又排斥。多年下來，如今我也像年輕人一樣，須臾離不開手機與電腦。像我睡覺把手機放在枕邊，在外面過夜還挑網路旅館住；唯一不喜歡、不習慣的是攜帶筆記型電腦，總覺得身心負擔太重。我相信資訊、通信、傳播三者合一的技術進步和流行趨勢，已經改變了整個世界的文化風貌，並且大幅影響及所有人類的生活方式。即時地與人聯繫、擷取資訊和閱聽新聞，確實為人們帶來不少方便，但也創造了更多無謂的需求。面對如此多樣選擇，我會退一步問：我究竟要什麼？以買車為例，眼花撩亂的多樣選擇，即是各色車款任君挑選；但是別忘了在整個事情背後，還有一個更基本的問題：多元選擇，也就是先問自己到底要不要買車。當塞車和找不到停車位時，有車只是負擔；資訊流通也有類似困擾。擺脫手機和電腦，生活也許會更太平，大家不妨衡量後再取捨。

入世篇——

跨 國 企 業

　　朋友為了上下班方便，到辦公室附近租房子住，得添增一些基本傢俱，他頭一個想到的就是上「宜家」去採購。「宜家」係來自北歐的大型家庭設備用品商城，需要用到極大賣場；但一開張便聲勢浩大，裏面的東西琳瑯滿目，立刻吸引極多人潮，以致在臺北和北京都造成賣場附近大塞車。那天我們一夥人陪著去逛商場，真的是讓我百般見識且大開眼界。跟隨著地上畫的動線，我一區一區地瀏覽，發覺其中的家居用品可謂巨細靡遺、一應俱全，足以讓消費者滿載而歸，省事不少。但是逛著逛著我逐漸發現，貨架上陳列的商品，其製造地幾乎全屬於第三世界的國家或地區，但統統印有「宜家」的品牌字樣，可說是不折不扣的跨國產品。我從未在臺灣看見過來自如此多國家的進口貨，何況是放在同一個賣場內；有些地名我完全不知在地球那個角落，但是已經可以想像他們為先進國家大公司代工的情形。

　　「宜家」老闆是世界排名前十位的首富級人物，但他不像比爾‧蓋茲從事的腦力密集服務業，而是典型的勞力密集製造業。為了降低成本，必然需要大量廉價勞工，於是藉著全球化的助力，以推動跨國企業。理想的跨國企業應該包括互利共榮、彼此雙贏的條件在內，但實際情況往往流於宰制剝削，造成全球性的貧富差距擴大。譬如我在「宜家」看見較為精細的高檔貨，多半

來自已開發國家；而質地較差甚至粗糙的平價品，必定是由發展中國家或相對落後地區所生產。半個世紀前，大陸領導人宣稱要永遠與亞非拉第三世界的弟兄站在一道；到如今大陸依然屬於第三世界陣營，臺商則伴隨歐美國家積極前往投資設廠，目的就是看上它的龐大人力和低廉工資，大陸於是成為世界最大的代工所在。此一開放策略確實讓一部分人先富裕起來，但是廣大人民群眾的生活水平，似乎未見明顯提升，帶給執政當局極大壓力。

事實上，臺灣也是作為外國知名品牌的製造代工起家的，但是我們地狹人稠，城鄉差距小，教育水準高，經濟起飛比較能夠照顧到平民百姓。而大陸實在太大、人口太多，少數人的生活條件改善提升，卻益發凸顯出其他大多數人的不足與匱乏。如此一來，往往造成人心思變，社會動盪不安，這絕不是好現象。與中國大陸情況類似的還有印度、俄羅斯、巴西等三個大國，四者被西方媒體捧作本世紀中會大放異彩的「四塊金磚」。但是出人頭地的代價是犧牲本國人民利益，讓跨國集團盡情剝削，而後滿載而歸，這種發展策略便有待商榷。其實不只是勞力密集的製造業有強凌弱的現象，連腦力密集的服務業和文化產業也躲不掉。像「尊重智慧財產權」之類的說法，固然有其正面價值；但它也同時成為助長文化侵略的托辭，必須加以明辨，有時更需要批判拒斥。

入世篇——

留學與學留

在太空旅行普及之前,人類只有一個地球得以週遊,地球可以說是我們全部的世界;而這個世界說小不小,說大也不大。用商用飛機繞一圈要花上三天,不可謂小;但是如今資訊、電信和傳播系統幾乎都是即時地作用,又使世界顯不出其大。雖然後者帶給大家「人在家中坐,消息天上來」的方便,但是前者「行萬里路,勝讀萬卷書」的影響,還是不容忽視的,所以政府近來不斷在鼓勵年輕人出國留學。我自己算是留過學的,但是時間甚短,只有一個學季,大約三個月而已。當時想出國改行,結果底子太差,只好返臺回鍋補課;待兩年補完,已沒有那股勁兒再出去衝刺,就乾脆留在臺灣念土博士。目前我所服務的學校土洋雜陳,薪水也沒差,大伙兒倒也相安無事。唯一分別是我的洋文不夠溜,無法在國際班開課;不過,我倒是樂見洋人多學華語或漢語,以期將來更能禮尚往來。

說到留學,臺灣學生的去處以美國為主,大陸亦然。印象裏我們銘傳還曾創下一份記錄,也就是一度成為全球留美學生最多的專科學校。因為在一九八○年代,臺灣留美人數取代伊朗榮登榜首,其中又以臺大和銘傳最捧場,分別成為申請研究所和大學部的第一位。當然如今臺灣的榮銜早已讓位給大陸,而大陸自改革開放以來,外出留學的人便絡繹不絕。其中固然有不少

「學留」之輩，但光是學成歸國的「海歸派」，就足以使其高等教育及文化產業面目一新。猶記得早年大陸翻譯的西書許多都不忍卒讀，因為經常是國內人士翻著一本英漢辭典，土法煉鋼式湊合出來的。現在的情形則完全不一樣，優秀的海歸派能夠精準拿捏西方文化脈絡與動態，譯文令人耳目一新，省去許多閱讀原文的麻煩。近年臺灣開放大陸圖書進口，我對他們的譯書情有獨鍾，是我關注世界脈動的一扇極佳窗口，這點臺灣的翻譯界就遠遠比不上了。

　　留學的理想是取他人之長為己所用，但是許多人身處洋邦，換了位置也換了腦袋，走向徹底西化。這點在科學技術領域影響不大，無可厚非；但是在人文社會領域可就得從長計議，令人不便苟同了。我對此乃提倡「中體外用論」，可視為前現代「中體西用論」的後現代提法，具有轉化與擴充的作用。其較詳細的解釋留待下文再談，我只想在這兒表達一個有所保留的態度。華人世界會出現「西方化」的焦慮，西方國家卻沒有「東方化」的問題，這當然是有其歷史發展因素的；然而我們卻無需排斥西化和外來事物，只要心中有主，便能夠充分因應。外出留學勢必會面臨文化衝擊，一旦適應，待學成返來又得再遭受另一回衝擊，這種的生涯的辯證歷程彌足珍貴。留學不是學留，學留等於移民，那又另當別論，最好儘快融入當地文化，否則對自己不利；至於留學則是出去開眼界，不能因此忘了我是誰，宜慎之慎之！

入世篇——

後殖民論述

　　我曾於二○○四年撰成揚智版《教育哲學》一書，在結論中指出，存在主義、女性主義、社會主義三者為「外用」的啓蒙思想；希望有系統地把這三種西方思想融匯貫通，再普及到華人世界，以促成人們的意識覺醒，達到振聾啓瞶的目的。這三種西方思潮的根源都發生於十九世紀，卻在二十世紀大放異彩，得以打破人心的三大偏見與歧視：種族主義、性別主義、階級主義。如今這些偏見已有相當程度的掃除，「外用」之學也可以發揮其他作用了，我乃嘗試將之轉化為後現代的後殖民論述。「後現代」是相對於「現代」的提法，但並不必然要反對現代性，而是可以與之和平共存。現代性的代表特徵是工業化的大量生產，異中求同，表現出有規格的整齊劃一；後現代性則希望同中求異，追求個性、差別、另類等受到注意與尊重。重點是，未經歷現代就不會產生後現代，後現代乃伴隨現代而呈現，二者既「歷時」又「共時」，有人視之為「晚期資本主義的文化邏輯」。

　　這話說得確實有幾分貼切。照辯證唯物論的看法，資本主義必然會出現內部矛盾，當矛盾加劇而把原本一切吞噬，就會綜合揚升生出新的觀念與實踐體系。但事實是，自從亞當·斯密的自由經濟思想提倡至今兩百多年間，資本主義並沒有被解消或替換掉，反而演成各種

變形而無孔不入，全球化論述和跨國企業便屬之。倒是揭櫫社會主義大旗、對資本主義進行革命的蘇聯與中國，到頭來一個解體、一個轉型。資本主義既然陰魂不散，其內部終不免出現不同的聲音；尤其在文化產業方面，追求主流價值和時髦流行，並不意味其他可能都不存在、都沒有價值。後現代主義正是在現代性發展的軌跡之外另闢途徑，以展現不同的形象與聲音；只是沒想到後現代本身也變成了主流，或著說是模糊掉主流的界限，讓世界變得更海闊天空。正是在這一點上，我覺得「後現代」的概念可以為己所用，來顛覆既有西方文化霸權對中華文化的宰制。

　　由後現代思潮所開出的後工業、後殖民論述，具有共通的「後」的性質，可以使我們產生意識覺醒，感受到退一步海闊天空的豁然開朗。我認為「後」的性質可以歸結為十六個字：「質疑主流，正視另類；肯定多元，尊重差異。」把它用在中西文化的對照上，足以讓我們看出不同的意義來。舉女性主義的例子來說明也許更清楚。女性主義在二十世紀出現過兩波運動，第一波在一○、二○年代，主張女男平等；到了六○、七○年代，另一波則有完全不同的訴求，改為追求女男有別。男人有的，女人根本不希罕；女人要努力尋求自己所特有的，並加以珍惜。這便是所謂的「意識覺醒」，完全符合後現代精神。事實上，後現代思潮的推廣普及，有部分原因正是受到女性主義風起雲湧的激勵。我通過「中體外用」觀點所建構的「後現代儒道家」思想，也是順此精神而凝聚的一套中國人生哲學。

入世篇 ——

地球觀

　　現在讓我們跳脫中國外國，來談談全球吧！先說一個「留得青山在，不怕沒柴燒」的道理。秘魯有處小漁村，居民歷代以捕魚為業，收穫足以糊口，倒也樂天知命。有朝一日模仿臺灣，習得用流刺網捕魚的新型態，立見漁穫量大增，乃全面實施，結果不出數年，漁場漸為海藻所據，出現優氧化現象，形成病源，令居民感染喪命。什麼原因？原來捕魚的原則是網開一面，不能一網打盡，留下些漏網之魚，待來年再予捕穫，如此便得年年有魚。而一旦使用細密無間的流刺網，上來便大魚小魚通吃，確實可以增加漁穫量；但是小魚中也有未長大的魚，今年就捕光了，明年必然一無所獲。更糟糕的是，漁場並非空無一物，沒了魚便蔓延海草，待覆蓋滿海面，即形成污染源，導致岸上的人生病。地球環境就是這麼環環相扣，種什麼因得什麼果；天下沒有白吃的午餐，使用者必須付出相應的代價。

　　我雖然嚮往做邊緣人、自了漢，但是今日世界已非古代「小國寡民，雞犬相聞，老死不相往來」的桃花源，而是牽一髮動全身的超大型生態園區，每個人都有呵護它的責任。近年我一向奉行隨手關燈、自備筷匙、垃圾分類、使用回收紙張等等環保原則，即使只是小小改善現狀，也希望圖個心安。我甚至買了一片電影「明天過後」的光碟，例行放給學生看，讓他們瞭解全球暖

化的可怕後果。電影雖然是危言聳聽，卻並非完全不可能，只是出現機率在可見的將來微乎其微；不過從去年到今年，全球氣候異常的新聞不時傳出，又不免令人憂心忡忡。想你我過著中產生活，無非圖個安定中求進步，但如今不動產也可能動盪不安，甚至灰飛煙滅。像近年上海炒房不斷，年輕人根本買不起住房；但是全球暖化造成北極冰山迅速融化，使得海水年年升高，在本世紀結束前有可能把上海全部吞噬。這種城市毀滅的預言，對住在臺北盆地內的我們而言，絕對不能只當笑話看待。

　　多年前就有人警告過，我們只有一個地球，不能胡亂糟蹋。遠的不提，近年大臺北地區淹水，不止一次是因為水門關不上，但罪魁禍首卻是人們亂丟垃圾引起阻塞。像收集垃圾統一處理這種舉手之勞，做與不做竟會帶來如此嚴重後果，恐怕非大家始料所及。此外還有廢氣排放、金屬污染、核能危機、物種滅絕等一連串環保議題，都不應該加以忽視。生活學即是人生哲學，也是應用倫理學；西方應用倫理學三大主題包含有環境倫理學。倫理學原指向人際關係的探討與改善，環境倫理學卻擴大關注於天、人、地「三才」的和諧共榮。在人生哲學方面，我始終服膺道家思想，而道家思想正是看重自然的。像我近期以推動殯葬教育為職志，其中重點之一即是提倡環保自然葬，以樹葬及海葬代替土葬與塔葬。人來自自然，又回返自然，自然世界為身體和心靈的最佳歸宿。此一觀念理當大力倡導、全面落實才是。

伍、生活的本質

真——

科學真理

　　介紹完外爍的〈生活的開展〉，接下來我想邀請讀者朋友一道反思內斂的〈生活的本質〉。本書是循著修身、齊家、合群、治國、入世五個階段來開展生活，而對於生活本質的闡述，則分為真、善、美、聖四方面以立論。以下的討論不免抽象，但我將盡量深入淺出地鋪陳它，讓大家都能隨時呼應，以分享我的所思所感。先說為什麼要取這四方面來分析？又為什麼是四個而非三方面？許多人都曉得「真善美」三字時常連用，這是因為古希臘哲學家把此三者視為哲學探究的全部對象：形上學、知識論鑽研「真」、倫理學關注「善」、美學分析「美」，這四科加上工具性的邏輯和脈絡性的哲學史，便構成哲學的核心分支學科，也就是哲學系學生必須要修習的課程。但是我所念的天主教輔仁大學，卻加上另外一項重要課題，也就是信仰的對象——「聖」。事實上，「聖美善真」四字正是輔大校訓，我在此借用，並讓它們回歸為生活的本質。

　　在「真」的方面，人們最容易聯想到的就是科學真理，尤其在一切科技掛帥的今日社會，更容易讓大家相信科學家所說的話。然而信任科學是一回事，迷信科學卻是另一件事；前者形成科學人文主義，是我在讀碩士、博士學位期間，鑽研科學哲學所堅守的信念；後者卻容易流於科學主義，盲目相信科學即全部真理，此絕

非理性的態度。我讀高中時也曾經隨俗想去念科學，後來在興趣與現實因素雙重影響下，考進哲學系。於大一自我摸索時，便對科學哲學印象深刻，從而另眼相待，視為我要在哲學系下工夫學習的課題之一，另一重要課題則是存在主義。為了真正接近科學，我上大二時選擇生物系為輔系，日後更分別以生物哲學、物理哲學和護理哲學，作為碩士、博士學位及教授升等論文的主題。但這一切完全是我的存在抉擇；我想從人文學術觀點，全面探討科學的性質，進而對其瞭解與信任，此即「科學人文主義」的真義。

科學雖然大部分由西方人所開創，但至今已屬於人類文明的公共財產，理應超越民族文化考量；不過這僅限於自然及應用科學，人文與社會科學則需要用另一種眼光和心智去看待。西方哲學對此有兩類看法，英美學派追隨「實證──經驗主義」傳統，認為自然與人文世界可以一概而論；歐陸學派則發展出「現象學──詮釋學──批判理論」傳統，主張把自然與人文世界判成兩橛，用不同方式契入。我在二十至三十五歲之間傾向英美路數，其後有三年空窗期，三十八至五十歲逐漸向歐陸觀點靠攏；半百之際突然大澈大悟，學問路線與生命情調出現大幅翻轉，回歸我原本陌生卻又始終感到親切的中華文化，拈出「中體外用」的治學信念與方向。如今對我而言，西方傳入的科學真理不無道理、值得善用，但是指導綱領卻是徹底中國的，亦即「後科學人文自然主義」意義下的「後現代儒道家」。

真——

事實真偽

　　科學真理在自然及應用科學方面較易得到共識，於人文與社會科學方面則經常出現不一而足的情況，只好讓多元觀點並陳。用科學哲學的術語講，自然科學是「單一典範前後取代」，社會科學為「多元典範並列消長」，而不屬於科學的人文學則眾聲喧嘩，也就沒有典範可言。自然、社會、人文學術三分的用法來自英美傳統，其中社會科學在議題上具人文性，在研究方法上則模仿自然科學的量化途徑，以探索客觀真理；不過近年質性方法亦逐漸佔有一席之地，藉著向人文精神靠攏，以追求主觀真理。但無論是量化還是質性研究，都算是經驗性研究，因為必須盡量接觸研究對象。相較之下，像文學、哲學之類的人文研究，主要採用文本分析及思辨方法，也就不屬於經驗性的科學研究了。科學要求認定真偽事實，至於區別是非、善惡、對錯、好壞、美醜等，則歸為價值判斷。

　　事實認定和價值判斷並不能夠一刀切，但還是呈現出具有兩極的光譜式關係。我上課時經常以講桌上擺的茶杯為例子加以說明：「這是杯子」即為真、「這是碗」乃係假，是真是假一經觀察立見分明；但我說「這是好杯子」代表它耐熱不會破，別人說「這不是好杯子」代表它既廉價又難看，此乃不同調的價值判斷。由此可見，事實認定與價值判斷可以針對同一個對象，而

在不同層面加以說明或詮釋。事實大致能夠找到真確性，平白直述地說明即可；價值多少帶有主觀成分，需要進一步發掘意義加以詮釋，否則難以溝通瞭解。現今人們喜拿科學真理當作價值判斷的標竿，雖不致緣木求魚，卻容易產生偏差；畢竟事情的真假與評價的好惡，不能看作同一水平的事情，上述杯子的例證已經明白呈現。所以我建議，在思考或討論一件事之前，先確定自己是站在那一個層次；莫把事實當價值看，反之亦然，如是方能彰顯出生活的智慧。

　　進一步看，事實雖然有真有假，但並非永恒不變；改變來自觀察上的突破，或是人心不斷激發的創意。最有名的例子發生於物理學。十七、八世紀牛頓提出絕對時空的概念，並且能夠用數學推導及實驗觀測，人們乃視之為科學真理；至二十世紀愛因斯坦構想出相對時空，同樣可以演算和觀測。是後者對而前者錯、後者取代前者了嗎？也不盡然，因為牛頓的理論至今仍然適用，但只限於地球及太陽系；愛因斯坦的理論則修正擴充了牛頓學說，更適用於對整個宇宙的考察。另一個例子發生在最近，二〇〇六年冥王星正式被國際天文組織自九大行星中除名，淪為次等小行星。九變成八，事實有了改變，背後牽涉到複雜的科學說明和論證，但是人們還是習慣講九大行星。阿姆斯壯登月後，並未發現嫦娥和玉兔，但卻益發顯示出神話的可愛與可貴。這才是事實與價值的分野。

真——

歷史真相

　　科學真理是開放而有變化的，事實真偽需要通過觀察認定；而歷史真相的還原，則繫於當事人的表陳與史料的佐證。我的父親是南京大屠殺見證人，他親耳聽到半夜機關槍不斷掃射的屠殺聲，次日清早又被拉去清理現場，親眼看見兩萬具中國平民的屍體，在長江內載沉載浮，或在江邊堆積如山；這不是屠殺是什麼？日本人至今仍在硬拗，說沒有屠殺這回事。然而即使人證物證俱全，但事情恐怕會如米蘭·昆德拉在《生命中不能承受之輕》一書中所言，歷史只發生一次，所以不久便會被人們淡忘，成為可有可無輕飄飄的說法，被幾行文字一筆帶過。回顧多少英雄豪傑、慘烈故事，不也在歷史的滾滾洪流中被波浪淘盡，變得幾乎無影無踪了嗎？在臺灣只有一件事是例外，那就是「二二八事件」。執政黨四大天王為了競選，將此一話題炒作個沒完；更妙的是，此刻總統也不斷放話，就像是跟反對黨競選一樣，痛批自己的前任，卻未思善用既有資源，讓真相盡量被還原，以對歷史作出交代。

　　任何一段歷史無疑都有其真相，但是在還原的過程中，事實認定卻不免摻雜價值判斷。即使是一部《二十五史》，循例由後代為前代治史，但如此一來，改朝換代的恩怨情仇，又如何擺脫得掉呢？再者，民族情感因素也夾雜其中，揮之不去。例如南北朝以南朝為

正統、北朝為偏治；但北朝較南朝更強盛、更永祚，只因歷史由後世漢人執筆，而北朝盡係異族所立罷了。前面提到的日本人否認南京大屠殺也是一樣，屬於民族情感作祟的結果。由此我們便發現一件事，那就是歷史真相的還原，實繫於史觀如何建立；從海洋島國史觀看，臺灣當然跟大陸沒有任何淵源了。但真正的問題則是，我們未來到底該何去何從？俗話說：「往者已矣，來者可追。」像當今臺灣，追查歷史元凶固然重要，但是將來是否還保有「亞洲四小龍」的名分，恐怕更值得努力。東帝汶不久前從印尼手中獨立，立刻成為世界上最貧窮國家之一，還需要鄰國接濟；這個鮮活實例，值得我們深思。

　　臺灣當然不像東帝汶，但是不亟思從歷史心結中走出來，就有可能淪為菲律賓式的動盪不安。菲國軍系坐大，經常出現內部兵變；我們若老是在試探兩岸紅色底線，則外部武力介入隨時會發生。美國人管不管？這要看我們值幾斤幾兩。波斯灣頭一回出現危機，美國突然揮兵攻打伊拉克，理由是伊國併吞科威特。伊拉克宣稱科威特原本即屬自己的一個省，但那是幾千年前波斯帝國時代的事情。也許歷史真相的確有這麼一段，但美國大軍壓境，卻絕非為了維繫或改寫歷史，而是為了保護本身在科威特開採原油的特權。臺灣有這個份量，讓美國人為我們挺身而出嗎？何況對手還是中國大陸。我相信以史為鑑的真義乃是「爭一時，也爭千秋」，把我們放在歷史和社會的景深裏，便成為「人無逃於天地之間」的寫照，此時執政者的政治智慧，正影響著千萬老百姓的生活安頓，著實不可不慎！

真——

待人真誠

　　「真」不只反映知識性的確切，也代表道德上的意境：待人以誠便是真心。在這方面，我對葉倩文歌曲「真心」中的那兩句自問頗有所感：「為何我用真心做的夢愛的人說的話，沒有人願意相信，而一個小小的天地只屬於自己，卻如此遙不可及。我只想用真心做個夢愛個人說些話，安靜的面對命運，但這無奈的心情，我又能說給誰聽？」雖說真心不求回報，但沒有寄情的對象則不免遺憾。現在就讓我們暫時擺脫歷史的糾葛，回頭反思如何提煉出真性情的生活智慧吧！在談及生活本質有關「真」的方面，我嘗試從古典儒道二家的生命情調中，勾勒出兩種處世態度，一是儒家式的真心相待，亦即「推己及人」；另一則是道家式的自我實現，體現為「順其自然」。儒家投入人間，擇善固執地發揮仁愛；道家抽離現實，心齋坐忘地流露本真；倘若二者能巧妙地在我們的生活裏融會貫通，便會表現出「有為有守，無過與不及」的中庸之道。

　　身處濁流渾世中，如何能真誠待人又不易受到傷害，在在考驗著我們的生活智慧。我的看法是：心境上如「清風明月」，作法上應「為而不有」。這彷彿又呼應了葉倩文另一首歌曲「瀟灑走一回」裏面的結語：「歲月不知人間，多少的憂傷，何不瀟灑走一回？」生命中所有的事件都只發生一次，它可能無足輕重，也可

能無與倫比，差別就看我們是否真誠地面對、無私地付出。為而不有是惜緣，珍惜每一次的緣會，並用真誠去照亮它；清風明月是隨緣，只要看破看透看得開，隨時可將心境歸零而擺脫執著。俗話說「好心有好報」、「夜路走多會碰到鬼」，前句不一定應驗，後句卻有相當高的機會。以誠待人即使沒好報，也頂多吃點小虧；一心想拿人坑人，到頭來難免不受人報復。大陸有一名藥政官員，拿不著好處，便處處找藥廠麻煩；後來因為貪污東窗事發，被找過麻煩的藥廠，竟然拿貪官的姓名去登記專利，以作為滅鼠藥的名稱。這才真是現世報。

　　每個人反躬自省，都會發現自己真誠的一面；但是要不要將它示人，就有不同的考量了。在現實生活中，我們往往會接觸到一些熱心的人；除非另有所圖，否則熱心即是真誠的表現，也就是推己及人。但熱心還是得看人與看時機，不然非但會被視為「雞婆」，更有可能遭到潑冷水。尤其人一熱心通常藏不住話，話一多就容易惹人嫌。「時而後言，人不厭其言。」表達真誠熱心需要講求方法，推己及人必須恰到好處；若是使不上勁，就順其自然吧！孔子說的「盡人事，聽天命」，放在生活小節中也管用，它的指點正是「推己及人，順應自然」。以我個人為例，學生時代的我，是個沒有自信且濃得化不開的人，很在乎別人的看法；後來當上老師，必須拋頭露面，一上臺就攤在別人的眼神下，只能學習妥善應對；二十多年下來，與人相處終能得心應手，偶爾也會真情流露。人生苦短，就讓我們放下無奈的心情，瀟灑走一回吧！

真——

生命本真

　　生活的本質之為「真」，乃是要我們「還其本來面目」；亦即發掘事理要把握真實的經驗，待人處事要啟動真誠的性情。經驗的真為西方哲學所強調，由此導出實在論，相信我們正生活在一個實實在在的世界中；性情的真為中國哲學所發揚，尤其是莊子思想，指點人們看破是非、善惡、名利、生死，走向反璞歸真，也就是與自然之道融為一體的「真人」境界。也許有人覺得這種境界太不可思議了，現代人尤其無法參透生死，於是到處追求養生方法、長壽秘訣，結果變得終日惶惶不安。其實這些都沒有必要，我們只需退一步想，就有機會照見生命本真。在這方面，我覺得佛家禪宗與道家思想是相通的。「此念是煩惱，轉念即菩提」，很多事情在一念之間都得以迎刃而解；不一定是解決，也可能是解消，也就是把問題拋開，不再去想它。像死亡便屬無解的問題；人未死才會去想死的問題，死了則沒法想。這類問題正如去想如何「專心睡覺」一樣無聊，因為想睡好覺必須放下心，而非專注；想太多反倒睡不著了。

　　用現代眼光來看，發現「生命本真」，其實就是去找出如何豁達的途徑。人生不如意者雖不至於十之八九，但必定有個十之五六，也就是一半一半。執著的人往往把不如意之處放大檢查，結果反而會患得患失；而豁達的人卻懂得擱下這些不如己意的現實狀況，在另

一半的理想範圍裏去盡情發揮。講到這裏，我就想提醒讀者朋友，應學會去分辨理想主義跟完美主義；也就是說，人不能沒有希望，但不能過度期望，否則難免失望，甚至產生絕望。此一議題我在下文再予引申，現在還是回到如何維持真性情上面來看。不知道是不是我多心或誤判，我總覺得政治人物和演藝人員因屬公眾人物，往往必須戴著一張無形的公眾面具以示人；但是久戴卻忘記摘下，或者已經摘不下來，總予人一種看似親切的疏離感。用昆德拉的話講，公眾人物就是在「媚俗」；而一旦媚俗，希望活在別人的掌聲與注目中，就逐漸遮蔽生命本真了。

　　我有回與宗教學者鄭志明教授飲茶聊天，他的創造力強，著作等身，加上生員遍布，影響各方，正處於事業顛峰；但那天他卻表示，年過五十，就該退居二線，讓年輕人去打頭陣了。我聞之頓時有種醍醐灌頂的清涼感，乃謂這話真是深得我心。學者的事業與人生，應當是著書立說，讓精神不朽；而非在群眾裏、在官場上，做一些媚俗的事情。在這方面，我很慶幸自己從事的是教育工作，教的是教育系所，講的內容多半是生命教育，與生命本真還有一絲呼應之處。事實上，當我發心撰寫這本名為《觀生活》的小書，就有意把我對生命、生存、生活的體驗與感受融入其中，說與朋友們分享。年歲日長，我愈不在意表達我的真性情，此即「我之所以為我」的生命本真。每個人都可以走一條澹泊寧靜、豁達清朗的人生道路，對於阻擋在前面的橫逆險阻，心想著「道不同，不相為謀」，繞過去不就是了，還計較些什麼呢？

善──

善的臨在

　　善果來自真心，不真必難行善；真與善相互為用，生活便得以向上提升，至少也能避免向下沉淪。近年我在認知的真與實踐的善之外，更體會出生活處處充滿著美與和諧；而對真善美有所把握後，就可能超凡入聖。用最簡單的話來解釋，善就代表良好、成全、圓滿的狀態，行善即是去追求和創造善的可能，其最高境界為「止於至善」。說到生活本質中的「善」，幾乎隨處可見；奉茶是善心茶，納涼有善心椅，遮風避雨有善心亭、善心傘，博愛座則屬善心座。臺灣的宗教活動除了法會巡神外，最常發現的便是民俗信仰中的布施行善；這雖然受到佛教的鼓舞，但骨子裏仍屬儒家的道德實踐。儒家嚮往「與天地合其德」，落實為倫常關係的安頓；但是把它作道家式的解釋，就指向「反璞歸真」以回歸自然。不過我在這兒想跟大家介紹一種西方觀點，也就是基督宗教的看法，尤其是天主教。

　　我在輔仁大學一共讀了十年書，進的是與天主教淵源深厚的哲學系，從學士、碩士念到博士。因為念完碩士去當了兩年兵、做了三年事，我在輔大的學習時期前後跨越十五年，從二十歲到三十五歲，佔去我一生中最重要的學習成長黃金時代。在這期間，我不斷沐浴在天主的光照下，雖然未能因此而信教，卻對整個西方文明的精神，有著相當深刻的體會與把握。記得在讀哲學

系的時候，幾乎所有西方哲學課程，都由學識淵博、待人敦厚的老神父來任教，他們不是外省人便是外國人，各種鄉音聽起來雖然有些吃力，卻無礙於我們貼近「聖美善真」。我記得教形上學的比利時老神父葛慕藺，講到激動處，整副假牙就會脫口而出，他也會神奇地迅速托住並送回口中，沒事般地繼續讓我們「與天地合其德」，以體認天主作為「善的臨在」，並不時為我們這些學哲學的「愛智之徒」提供光明的啟示。

　　基督宗教包括天主教、東正教、基督教、英國國教等，也有人加上摩門教，但不算統一教。他們的共通點是相信一位獨一無二的上主真神，是祂創造了萬有，並且通過啟示讓世人知曉一切；信仰就是得道，而「道」便來自上主的話語。「啟示」可解釋為「上主開口說話，我們聽到了」，但還是有人充耳不聞，或是真的沒聽到；於是上主進一步用神蹟顯示其大德，包括讓耶穌降臨成為人子，在世間走一遭，此即「道成人身」。耶穌現身，以及後來傳播神的旨意的教會組織，或是基督徒以自身聞道行善做出見證，這一切都屬於「善的臨在」，也就是神性在人間的充盈與開顯，與佛教「法喜充滿」的意境相仿。當時我們曾經質疑，為什麼有了善卻還出現惡，神父乃苦口婆心地解釋給我們聽：惡並不存在，它只是指善的不足、不夠充分罷了。這種「惡是善之匱乏」的道理，令我終身受用。

人性善惡

　　人性有善惡之分，是自古至今爭論不休的一大難題，最常聽到的便是孟荀之辯。孟子與荀子並非同一時代的人，後者較前者小了七十餘歲；但是二人皆屬孔子以後儒家的代表人物，如今一講到先秦儒家便指「孔孟荀哲學」。不過我們到底不是在這兒上哲學課，只能討論一些常識性的問題。說到常識，並非指膚淺之見，而是指直覺把握與廣泛涉獵的見識；它不全然正確，卻不失寬廣，有時也顯出難得的深入。一個人常識越豐富越好，同時到學校接受知識的洗禮，而使二者相互激盪出生活的智慧。身為老師多年，有時會看見功課好、滿腹專門知識，常識卻十分貧乏的學生，就勸他們好好自我充實、多上些通識教育課程。通識教育正是為增廣一般見識、強化基本常識，進而激發生活智慧而設。如此看來，「生活學」不是知識，卻可視為開發智慧的必備常識。

　　人性究竟是善抑或惡？有人用觀察或實驗方法去做經驗性的研究，得到的答案仍然莫衷一是。街頭上有人會主動扶盲人過街，但也有受傷路倒的人許久未得聞問；甚至還有趁火打劫，搶奪殘障人士賣的彩券，你說這些行徑反映出人性係善或惡？孟荀分別認為人性本善或本惡，這些觀點不免帶有偏限性；「本善」或「本惡」意指「本來如此」或「應該如此」，深具規範性和

教訓味。然而性惡論並不能跟性善論等量齊觀，只能作為討論上的互補看法；若是真的本性為惡，就無論如何也無藥可救了，我想這絕非荀子的本意。其實儒家的人性論根本沒什麼好爭辯的；人性為善是就理想面而言，歸惡則就現實面看，二者在實際生活中都找得著例證。當時孟子講性善是想激發人們的良知良能，從而自發地改過遷善；而荀子對此無甚信心，認為無規矩不能成方圓，乃提倡用禮樂教化來匡正人心，進而導出善行。孟荀之說流傳至今各有支持者，我則打算從另一個視角來反思。

我的一位具天主教背景的學長、哲學學者傅佩榮教授，曾經提出以「人性向善」來詮釋「人性本善」的說法，我認為值得參考。「本善」指本性如此，「向善」則帶有實踐意義；善惡與其當做形上難題去解決，還不如列為倫理困境來改善。我相信傅教授的看法，多少受到天主教哲學有關「善」的觀點之影響。西方宗教認為人性是神性的分享，但並不等於神性。神性是絕對的真善美聖，人性卻有偽惡醜俗的一面；這不好的一面，乃是好的一面之不足。把這種西方觀點用於人性善惡，與其做出解釋，不如去尋解套，亦即視性惡為性善之匱乏；當一個人有心向善，便是善性自我圓滿的過程。如此解釋雖然不免一廂情願，卻有激勵人心主動尋求解套的效果。倫理道德實踐的做與不做，往往繫於一念之間，這一念又多少牽涉到某些一廂情願的想法。與其對一切嫌惡，不如用行動去隱惡揚善、行善避惡，這正是我們常掛在口中的「改善」之道。

善心義行

　　小時候老師教我們要「日行一善」，如今看來這似乎只是最低配額；在現實生活中，我們真的應該「多多益善」。什麼是善心義行？不必把它想成去做大的慈善事業，而是只要舉手之勞便可以了。像我曾經提到也不時在做的隨手關燈、垃圾分類、自備餐具、車上讓位之類的小事；只是有一回我去超商繳費，小妹喚我「老伯」，還有在北京地鐵竟有人對我讓坐，這才令我驚覺老之已至。既然已步入老齡的境地，就不妨與世無爭，多多付出，反正走的時候什麼也帶不了。佛教説行善是「做功德」，也就是「積德」。我不太去想輪迴業報的事，但身為佛教徒，我仍樂於主張對前世或前人要「感恩」，對現世或自己要「惜福」，對來世或後代要「積德」。每個人都有一定的來龍去脈，如果我們不執著於生前死後何去何從，而是放大視野，做些儒家式承先啓後、繼往開來的「良心事業」，就屬於善心義行了。

　　年輕時心浮氣躁，加上高中時背誦作為「中華文化基本教材」的《四書》倒盡味口，雖然考上哲學系，卻對儒家學説敬而遠之，同樣對滿口仁義道德的儒家代言人也沒有好感。偏偏班上同學有一位姓孔，新生訓練時站起來夸夸而談，並宣稱自己是孔子七十幾代後人，引來大家一陣驚嘆，居然跟聖人之後成為同窗。但是我跟少數幾名同學，對其並不以為然。當時大陸上還在鬧

文化大革命，「批孔揚秦」正如火如荼地進行，「推翻孔家店」、「打倒孔老二」之聲不絕而耳，沒想到眼前竟然來了個孔聖人，自然要給他貼上個「孔老三」的封號。此兄一開始甚為不悅，後來卻甘之如飴，甚至引為自署，「老三」之名乃沿用至今。這位同學也成為我的常年老友，如今除在大學任教外，尚於士林法院對面開設命相館，為人化解晦運，堪稱善心義行，他就是著述甚豐的孔維勤教授。

　　說到「良心事業」，我還真的曾經為之戰戰兢兢呢！大二時教我們「老莊哲學」的王邦雄教授，其實是位新儒家學者，他看見我參加校刊社，帶勁地爬格子、跑打字、看大樣，一幅夠格當編輯的樣子，乃吸收我為即將創辦學術期刊《鵝湖月刊》的執行編輯，我也欣然就任。但是把編輯重擔放在我一人身上，跟校刊有一群人合作完全不同；加上《鵝湖》因為不領稿費、不支薪水，大家都是義務幫忙。一九七五年暑假，我費了整整一個月把創刊號編出來，然後買封套、貼名條，還得抱著去郵局寄送，忙得人仰馬翻、苦不堪言，當下決定打退堂鼓。然而當主編曾昭旭教授對我曉以大義，稱我們做的正是「良心的事業」，我還真的受到激勵鼓舞，又接著編了兩期。如今三十多年過去了，我雖非新儒家傳人，卻替儒家的良心事業當過三個月義工，「為往聖繼絕學」，這也算是一份善心義行吧！

理想與完美

　　我的外表雖然大而化之，但內心著實拘謹；尤其難以與人四目相接，常會顧左右而言他。雖然心智活動在十五歲那年開始啟動，但整個生命也在此一時期陷入混亂與掙扎。別人三年順利考上大學，我則浮沉了五年；即使畢業於最近吵得很兇的所謂「明星高中」之一的成功高中，仍然與大學之門無緣，必須到補習班去過水。我的慘綠年華時值一九六八至七三年，大陸上正在鬧文革，臺灣則還處於存在主義思潮流行的尾端；但同一時期，民族主義運動、「保衛釣魚臺」運動、「堅決反對共匪混入聯合國」活動等，也已經在大學中和街頭上展開。放眼看天下，「布拉格之春」、巴黎學運、漫長的越戰、美國反戰示威與嬉皮運動，還有人類登陸月球等歷史事件陸續登場。那真是一個狂飆的年代，而我的生命卻在聯考的陰影下，一點一點地汲取外來的精神資源，以進行自我啟蒙。

　　自我啟蒙需要有遠大的理想作標竿、為依歸，我在懵懵懂懂中只會擷取「存在先於本質」之類話頭，一心想作出偉大的「存在抉擇」。但那究竟是什麼呢？絕對不是聯考，於是我想到反攻大陸，以免共匪來「血洗臺灣」，成為亡魂炮灰；無奈反攻大陸不成，只好回頭反攻聯考。記得當年有位臺大畢業生，公開燒毀美國大學入學許可，誓與臺灣共存亡，令我為之振奮；此人便是

王杏慶，如今已成著名媒體人，筆名南方朔。以民國紀元來算，我們這些「四年級生」，成長於五十、六十年代，很少沒有人不把幾分理想掛在口上、放在心中。但理想終究只是風中的指標，東搖西擺、變來變去，沒個準頭；而我後來也在茫茫人海、浩瀚書海中隨緣漂泊，直到三十五歲才算穩住人生的方向，開始落實作育英才的理想。一名高中念五年的末段生，二十年後竟當上大學副教授，連我自己都感到意外。

初登大學杏壇，我還把教育理想想像得很完美，希望在臺下芸芸眾「生」中，尋得我們那個年代的存在知音；無奈這些早已時過境遷，我的生涯才剛起步，就成為被遺忘的一群。在大學殿堂裏任教一晃又是近二十年，從一九八八到二〇〇七年，外面流行什麼？頭一年蔣經國去世，十六天後我拿到博士學位，過半年進入銘傳任教。接下去年輕一代發動了「野百合」學運，兩個國會的老委員、老代表，在幾年內陸續全被轟下臺。國民黨一路走向在地化，卻因內部分裂，讓阿扁兩次漁翁得利，當上市長與總統，還有機會連任。如今他要交棒了，兩黨六大天王正在摩拳擦掌，人民期待又一齣「煽色腥」連續劇的上演，我則毫無所動，反而開始用心思索生活，重拾年輕時的存在理想。世界不可能完美，一旦事事完美，人生又有什麼好追求的？倒是理想應該保留，並且追求到底。我想自己仍屬一名無可救藥的理想主義者。

止於至善

　　理想可以用完美當遠景、作願景，如此或能「取法乎上，得之其中」；但是理想主義者不能衝過頭，變成完美主義者，那樣反而害人害己。完美即屬萬事萬物的最高境界，也就是「至善」；理想主義正應該「止於至善」，完美主義卻需要先放下完美，回歸理想。用成績做比方，理想主義是從考試及格處開始努力，循序漸進，更上層樓，止於至善；完美主義則認為零分與一百分之間沒有其他選擇餘地，不到十全十美，便選擇一無所有，天下有這種事嗎？在現實生活裏，這種人根本活不下去。我念高中時，有一名剛考上文化大學哲學系的早熟女作家，竟然選擇投海解脫。在她最後一本著作的首頁，赫然出現九個大字：「人生不是完美便是零」，你說她還有活下去的空間嗎？我也曾經迷惘而厭世過，但好在我有一種不甚完美的優柔寡斷毛病，對如何死得痛快猶豫不決，終於從那道夾縫中擠了出來，從此平平凡凡活到現在。

　　「至善」只能想像不能實現，一旦實現將是惡夢一場。銘傳老校長演講時照例以一句話作結尾，然後大家歡聲雷動而散會；她老人家的名言乃是：「祝大家要什麼就有什麼！」仔細想想，茶來伸手、飯來張口的日子，過久了難免無聊。但是今日報載美國一名大學生發明一種懶人冰箱，坐在沙發上用遙控器一按，罐裝啤酒

就會自動彈射出來，讓不想起身的人接個正著，看來想圖方便的人還真不少。不過要是真的任何事物都不缺，生活還有什麼值得奮鬥的？有人發現，退休的人若是生活沒有寄託，反而容易生病甚至早死；再想起早先瑞典的國民所得排名全球第二時，自殺率好像也是第二，這表示上述發現應該有幾分真確性。活得太好不算幸福，活得有理想、有奮鬥目標，並且有可能達成，那才是值得一過的生活。

　　生活的本質有一部分是「善」，而用「止於至善」作為自我期許無疑是對的，但這並未說明理想目標為何，我想理當因人而異。我建議朋友先確立在「獨善其身」與「兼善天下」之間，自己的人格特質與生命情調到底偏向那一方？二者都應當去努力實現，只是輕重緩急不同而已。像我取前者為目標，則採高標準盡力而為，行有餘力再考慮後者；而有些人拿後者為目標，就必須先達到前者的最低要求，然後全力投身於主目標。至於「獨善其身」及「兼善天下」的內容，正是前面討論介紹過的「修身、齊家、合群、治國、入世」等一系生活開展階段，儒家還進一步把它標幟為「內聖」與「外王」的工夫。在我看來，儒家要求「先天下之憂而憂，後天下之樂而樂」，沉重的憂患意識容易讓人吃不消而退卻；這個時候就需要美的事物來滋潤心靈。接下去就和大家談談什麼是「美」。

美與不美

　　我的碩士、博士論文都研究同一位當代英國科學哲學家卡爾‧波普，他有一句名言：「神學乃信仰不堅定的表現。」無獨有偶地，臺灣著名的藝術學者與藝術家蔣勳也說過：「美學謀殺了美。」這兩句話有著共通的想法，那便是有些情意方面的事情，是不能當作知識性活動去加以探索研究的，否則不是一無可取，就是會把對象破壞無遺。宗教裏的神是給人相信而非討論分析的對象，一旦用神學去證實神的存在，便斲喪了信仰的真義。同樣道理，美感體驗是一種渾然圓融的意境，用文字去捕捉記錄已經很困難，更何況把它當作理論分析的對象；一旦加以分析割裂，對象便蕩然無存，美感也消失無蹤。話雖如此，大學裏的哲學、藝術、設計科系，還是會把美學列在課表上，讓有興趣的同學一探美的究竟。作為哲學工作者，我經常在不疑處有疑，知其不可為而為；我發現探索美也像其他討論價值判斷的課題一樣，必須分辨不同契入層次，如是方能有所為有所不為。

　　「萬物靜觀皆自得」，審美並不需要太多作為，使一心發用，順應自然即成；談美則屬另外一回事，得把理性分析那套工具搬出來，讓美仔細被檢驗。組成生活本質一部分的「美」，當然以生活美為主；生活美可以是把生活過得盡善盡美，也可以是讓生活中充滿著美感

體驗，這又分別來自藝術美或自然美。美的生活常與愉悅聯結在一道，但光有愉悅並不一定帶來美感，更重要的條件則是和諧。和諧性正是美的基礎。看見美好和諧的事物，每個人都會打心底產生愉悅，從而願意去親近它；但是有些事物只能遠觀，走近看反而不美。聽人說「朦朧便是美」、「整體才有美」，前者令人感受到似有若無的吸引力，後者則體現出渾然一體的和諧。有好事者把世界上公認最美的眼睛、鼻子、嘴巴、耳朵、眉毛、頭髮等，用電腦合成方式，拼貼出一個「最美」的臉龐，結果慘不忍睹，這便意味「美」實反映整體，而非來自局部。

　　美有標準嗎？即使有，也不是很清楚，頂多表現為一種趨勢而已。以人的容顏姿儀為例，全球各地的選美活動舉辦不輟，愛美的女孩也趨之若鶩，媒體更曾經票選各種美麗的身影，大致可以看出一個美人的基本條件，而其他人也常以其為模仿對象。然而「情人眼裏出西施」的情況，仍舊反映出美感具有一定的主觀性，並非放諸四海皆準的。從另一方面看，「不美」的判斷同樣見仁見智，甚至具有文化差異；像西方的抽象藝術品，如果不具備相當的欣賞修養，恐怕只會被視為鬼畫符。今天我在這兒談「美與不美」，而非「美與醜」，是有其道理的。因為「不美」的包容面較大，能夠容納醜，也足以把目前不算美、但可能會發展為美的事物涵蓋進去；例如從「女大十八變」之類說法中，就不難看出審美的對象，其實是流動不羈的，而非停滯不前的。

藝　術　美

　　我太太高職學美術設計，大專念服裝設計，現在搞造型設計，平日以寫字畫畫、逛街買衣飾，以及蒐羅古玩瓶罐等藝術品為樂。為了讓家裏的字畫和擺設更突出搶眼，她甚至在客廳和飯廳，安裝多盞投射亮光的杯燈，使人一進門就像進入畫廊那樣。好在她只是偶爾打開燈、泡壺茶、放著音樂，悠閒地欣賞把玩一番，否則成天亮起整排的燈，電費可就吃不消了。生活裏有幾分藝術氣質的確不錯，但我真的不是在這方面有氣質的人；甚至可以說，我整個人都沒有什麼起眼像樣的氣質，連衣服都穿不出體面，這正是我太太對我的評價，也是她徹底放棄要改造我的外型的原因。結婚二十二年，老實說，我真的無法達到她在欣賞藝術美一般深厚的功力，但我已學會去欣賞她在欣賞藝術美的那份生活美，而我同時也在努力開創屬於自己的生活美，並且盡量融入一些藝術美的元素。

　　西方人探索的美主要即指藝術美，因此美學又稱藝術哲學。藝術作品依其形式可分為空間藝術、時間藝術和綜合藝術；空間藝術指不受時間之流影響的作品，包括雕塑、繪畫、建築三者；時間藝術的欣賞必須考量先後關聯，包括音樂、文學、舞蹈三者；而結合時空特性的藝術則有戲劇和電影，後者便經常被稱作「第八藝術」。對這八種藝術形式，我或多或少也都有所親近，

其中一度對電影深深著迷；而實際參與過的，則是文學創作和戲劇表演。三十二歲結婚前，我連續寫了十三年的散文體日記，且經常寫詩；其後為了養家活口，便無以為繼；如今僅偶爾寫點哲理散文，本書即屬之。而粉墨登場則是跟著同學瞎起鬨，上臺去跑跑龍套而已，但真的是一段段難忘的經驗。大學時參加學校的話劇社與京劇社，還曾經應社區之邀，在新莊大街上搭棚唱戲，真是好不熱鬧！

　　說起藝術欣賞，我曾經教過「文學賞析」與「中國美學」的課，但自己卻不怎麼在行。雖然我外出開車時，總是把收聽廣播節目設定在古典音樂電臺上，卻只能說是附庸風雅湊熱鬧，根本未登大雅之堂，談不上任何門道。唯一對之下過幾番工夫的藝術形式，只有電影一端。當初為了想寫影評，著實找了一些文獻來研究；雖然也試著寫過幾篇，並沒什麼水準可言。後來我進入《電視周刊》當影劇記者，一共寫了三年採訪稿，同時還參與電視臺綜藝與社教節目的製作，甚至還當過一季兒童節目的助理主持人；這時候，過去的演戲及寫稿經驗，就多少有些幫助。廣義地說，我這輩子的確涉足過一些藝術創作形式，但不曾開創出美感境界；至於欣賞方面，也顯得膚淺且乏善可陳。不過我的心靈深處，仍不時聽到美的呼喚，也許它就在最不經意的地方等待著我吧！

自然美

何者為自然美？一位英國詩人說得好：「一花一世界，一沙一天堂。」自然界的和諧狀態，構成一幅幅美麗的圖案；即使令人驚恐的火山爆發，也有其雄渾壯闊之美。自然美值得我們欣賞，我們也可以嘗試在生活中，去啟動各式各樣的美感體驗。回憶起我大學時為了修生物輔系，自我要求把基礎科學課程全部學過一遍，就這麼念起普通物理學來了。高中讀文組，三年級的物理課聊備一格，連實驗室都沒踏進過一步，沒想到上了大學還有機會補課。不過物理課實在很像數學課，習題解不完；對我而言，的確沒太多吸引力。直到有一天做聲學實驗，助教叫我們用絨布去摩擦一根金屬管，管內布滿木屑粉；有趣的是，待摩擦出一定頻率後，木屑會受到振動而呈現整齊的波紋分布狀。大自然頭一次以其微妙的現象，讓我感受其中的和諧與韻律，絕非如今音響上面那種示波畫面所能比擬。

前文曾提到，我有一回搭火車坐在貨車廂，因為天氣太熱，載送的鴨蛋提前孵化了。雞蛋鴨蛋不知吃過多少粒，這倒是頭一次看見蛋殼自動裂開，裏面迸出一團濕漉漉的醜小鴨來；可是不到五分鐘，它卻變身為一隻黃澄澄、毛絨絨的小天使，煞是美麗可愛！更美的是，圍繞著我的不只一隻，而是上百隻吱吱喳喳的小傢伙。那天我成為臨時老母鴨，與一群小可愛在車廂地板上廝

混了一兩個小時，度過此生中最難忘的炎熱下午。其他我看見過打娘胎脫穎而出的動物，還有小貓與小狗，但是小孩的生產就無緣一見了。自然美至少包括數學美、物理美、化學美、動物美，當然也少不了人體美。而那令人聞之色變的煞死冠狀病毒，在電子顯微鏡的掃瞄下，也呈現出迷人的構造。我想自然美也像藝術美一樣，屬於某種和諧狀態的輝映。

我曾多次去大陸旅遊，中國地大物博，山川壯麗，人文薈萃，可觀之處甚多，其中部分景點被聯合國評定為「世界自然遺產」或「世界文化遺產」；後者係藝術美，前者便是自然美。有兩個景點令我印象難以磨滅，而且都是冒著生命危險換來的。其一是長白山天池，一九九三年七月我前往吉林長春開會，會後吉林大學招待一行出遊，最遠去到朝鮮邊境的天池。那兒是死火山口，山坡由碎石組成，完全不見路，只有遊客踏出來的羊腸步道。我們冒著攝氏四、五度低溫和強風，手牽著手辛苦抵達池邊，眼睛為之一亮，心胸頓時開闊，果然不虛此行。其二是川北九寨溝，二〇〇三年夏末我在四川大學短期講學，其間學校安排我外出旅遊。三名臺灣人湊在一車大陸遊客中，搭遊覽車上山，還沒出成都市便發生車禍。折騰了一整天，花了十四小時才抵達目的地，但我還是要說：鬼斧神工，確實瑰麗，令人嘆為觀止。

生活美

　　當過兩所大學校長的傳播學者趙寧，年輕時喜歡寫雜文、畫漫畫、作打油詩；他有一篇散文題為〈人生何處不桃源〉，還曾經拿到各大學去演講。我覺得此題目甚具意境，令我深自嚮往去尋訪生命裏的桃花源，並且期望能夠流連於生活美之中。半百之後，我的人生與心境都起了很大的轉變；一則是開始服老，並且意識到應該珍惜今後的每一刻；另一則是日漸豁達，從學問的生命步入生命的學問、從我註六經走向六經註我。目前我正在實施第一個「五年計畫」，模仿大陸的說法，可稱作「一五」；也就是對五十至五十五歲的五年階段，做出全方位的自我安頓，一步一腳印，後面的事就暫時不去多想。以前曾聽說股市大亨黃任中生前為交代後事，每五年改寫一次遺囑，以便將財產分配給眾多紅粉知己；只是到他去世時早已負債累累，根本沒有什麼可分的了。

　　生活美是說我們可以把生活經營得具有美感，也可以說是用一種審美的眼光去看待生活中的各種事物；我五十歲以前從未反思至此，如今則嘗試以後者為依歸。我自忖生命情調屬於追求「真」勝於「善」與「美」，所以選擇念哲學系而非文學系。其實哲學中也有詩情的一面，我卻走向邏輯的一面，研究起科學哲學來了。過去大抵就是在這方領域裏打轉，五十歲前後為了寫生死

學與生命教育的教科書，用心去思考牟宗三先生所言「生命的學問」之奧義，頓然豁然開朗，從此奠定今後的為學與寫作基調：文以載道、我手寫我心。此處之「道」並非抽象掛空的理論，而是踏實生活的途徑。我的確是想過立言以不朽，但那只是希望內在精神得以高瞻遠矚，而非對外在名利的汲營追求，不然我早就去找機會到處演講、拼命寫流行文章了。

　　用審美眼光去看待生活周遭事物，使我對宗教與信仰有著深一層的體認與多方面的接納。這學期銘傳為改建老校區，將所有研究所搬到先前購買的基河國宅新校區去上課。此一校區位於士林夜市範圍內，樓下便是牛排館與海鮮店，但我最喜歡留連之處，還是對面老街內的媽祖廟「慈諴宮」。二十八歲便離開人間的天上聖母林默娘，卻被尊奉為母儀天下的偉大神明，這正是民俗信仰最富於人性、最有人情味的地方。前兩天我自香煙繚繞的廟宇中，隨手取得符籙兩張，攜至教室，希望貼上以鎮室驅邪，同學們竟為之譁然，似覺我對神聖物品之不敬。但我很早就對道教畫符甚感興趣，並將之視為藝術品蒐羅；無論它是否真能驅邪避魔，但貼在室內一角，總會帶給我某種神秘的美感。祝願別人也能分享這份美感體驗。

情色與色情

　　告子有句名言：「食、色，性也」，經常被誤認為孔老夫子所說。告子介於孟荀之間，主張人性既善且惡、非善非惡，性由心生、心隨境轉；換言之，人性是浮動不止的。告子這番話成為許多好色之徒的藉口，其實他的意思很寬廣：喜歡吃好吃的食物，看好看的事物，這就是人的本來面目，沒有什麼善惡可言。好看的事物，當然包括一些私秘的個人興趣與癖好，情色與色情便屬其中。情色與色情的意思不盡相同，後者純然是感官上的刺激和直接且迅速的亢奮，前者卻以心理滿足和精神慰藉為主。記得曾讀過一篇文章談性感，謂脫得赤精大條只算是肉感而非性感；真正的性感乃是欲擒故縱、欲脫還休，在露與不露之間，讓觀看者的遐想盡情發揮。情色之美就在於為我們的想像力有所保留，若是什麼都讓人看得一清二楚，反倒不美了。

　　讀博士班一年級時修「禮記」課，到老教授周紹賢位於桃園市郊家中去聽講，同修有兩名韓國籍學生。一年的課程在「非禮勿視，非禮勿聽，非禮勿言，非禮勿動」教訓中劃下句點，最後一堂課結束後，同學們逛至市區找家小館吃喝一頓；酒醉飯飽之餘，仗著幾分酒意，我提議去附近看色情片，四個謹守禮教的弟子一致附議。那家戲院是我服役時，行伍弟兄們的興之所在；退伍四年後，我以為還是在放映遮遮掩掩的插片。這回

我錯了，時代與社會不斷進步，偌大銀幕播出的，竟是九十分鐘毫無遮掩的床第大戲。一開始尚稱新鮮，久之便令人頭昏腦脹，渾身不自在；結果五人沒待看完，全部潰敗撤退，但其後果卻是奇妙不已。其中一名年近三十的未婚韓國同學，從未見過如此震懾畫面，回去三天睡不著覺，頓悟該交女友結婚了；後來果真交上一個臺灣女孩，並完成終身大事。另一名已婚同學。則在不久後將太太從韓國接來同住，再也不想過小別勝新婚的日子。看來這番意外的性教育以震撼教育始，以愛的教育終，可謂修成正果，皆大歡喜。

另一樁奇事則出現另外一面的效果。話說我太太辭掉公務員工作，去實踐家專服裝設計科進修，希望轉換生涯跑道。畢業前的重頭戲是服裝動態展，由同學們分組設計概念性的奇裝異服，然後上臺走秀，老師們則進行評比給分。那是實踐校慶當天最熱門的活動，簡直是一票難求，足與銘傳校慶時的啦啦舞表演分庭抗禮。而兩校校慶剛好在同一天，歷來許多觀眾都是兩邊趕場，上午看服裝秀，下午看啦啦舞。那天我帶了一位當婦產科醫師的同學去看服裝秀，沒想到他竟看得相當入迷、十分神往，出來直呼「太美了！」「太刺激了！」我問他美在那裏、刺激在那裏？他說從未看見過這麼多裹著美麗衣裳的女人，在舞臺上婀娜搖擺、穿梭招展。我當下立即會過意來，原來此兄每日所見，皆為赤身女體和私處，不覺有何樂趣；反倒是穿著各色奇裝異服的妙齡女子，令他感覺性感與興奮。與上述看色情片過程相對照，便知情色與色情的天壤之別了。

神聖與世俗

　　我花了很多篇幅來闡述和詮釋生活的本質，將生活分為真、善、美、聖四個部分加以討論，只是讓整個討論有所依據。其實生活的這些內在性質，乃是互相滲透、彼此融通為一體的。藉助名相概念對之分析，僅係便於呈現，而非本來如此。總之，我歡迎讀者朋友參閱本書，從而激發個人的生活智慧，用以改善本身的生活現狀。但書籍文字只是方便法門，而非不二法門，每個人其實應該嘗試去進行自己的生命書寫。在這方面，佛教帶給我某些啓示。有道是「放下屠刀，立地成佛」、「狗子也有佛性」，聞之頓覺「佛」的境界較為貼近人的生活。相形之下，基督宗教傳達「神」的旨意與啓示，包括祂是創造主，其餘為受造物；以及人立身行道、待人處事的目的，皆用以敬拜上主等。但是人不可以僭越為神，祂永遠是獨一無二、高高在上的，這無形間使「神」的境界遠離了人的生活。

　　基督宗教將世界判成兩橛，分成神聖與世俗，或者天國與人間；它不但構成教義的內容，也具體化為教團組織的性質。宗教團體作為教義的代言與代表，使其居於神人之間，很自然地就具有崇高的地位。在政教合一的歐洲中世紀，一國君王登基，要得到羅馬教廷的同意與祝福；其他生活細節，率皆不離教會，這也包括結婚與離婚。看西方宮廷電影，我最感興趣的人物即是英王

亨利八世。此人粗魯不文，性好漁色；但武功顯赫，充滿霸氣。他一生先後擁有六位王后，其中四人被他送上斷頭臺；他跟第一任皇后離異時，教廷不允，於是乾脆決裂，自立門戶，這便是現在的英國國教，在臺灣稱作「聖公會」。早年我就住在聖公會總部附近的巷子內，經常到教堂吃餅乾、喝牛奶；它是我接觸到的第一個西方教會組織，沒想到還有這麼一段背景故事。

聖公會對中國歷史的變革，也曾有過潛移默化的影響。據說孫中山孩童時期初信洋教、上西學、剪辮子、取名「逸仙」等，都是受到聖公會辦的學校老師所指引，地點在夏威夷，當時他只有十一歲。事實上，基督教會對人類文明的正負面作用，比我們所想像的更為深遠。我在諾貝爾醫學獎得主莫諾的暢銷名著《偶然與必然》中讀到，現代科學於西方世界的形成與發展，跟教會的支持與鼓勵淵源深厚。中世紀教會堅守神聖與世俗二分的誡命，認為科學家在人間鑽研宇宙真理，有助於世人瞭解上主創造萬物的奧秘與大德大能。換言之，科學研究有助於揭示神的旨意，但不能觸及神人關係與教會權威，否則會遭宗教審判。主張太陽而非地球作為宇宙中心的哥白尼，著作被查禁三百年，伽利略則被軟禁到老死，這些都是碰觸到宗教禁忌的下場！看來神聖與世俗的壁壘並非空穴來風，而是其來有自、源遠流長的。

聖賢才智

　　今日教會或許不能將人送上宗教法庭審判，但仍舊有能力去影響立法與執法。像美國如此先進和尊重信仰與人身自由的國家，一旦碰上選舉，便會引發一些極具爭議性的話題，讓人們看見正反雙方相互較勁的無所不用其極。其中最引人矚目的爭論與衝突，便來自支持墮胎與反對墮胎兩大陣營，他們分別以「生命自決」與「生命神聖」為訴求；其中前者強調女人有權決定生產與否，後者則主張胎兒生存的權利不可侵犯。「生命神聖」的觀點以天主教支持最力，像前幾年輔仁大學神學院曾製作一片反墮胎光碟，以生命教育名義發送到各級學校，也確實帶起一陣討論風潮。不過臺灣畢竟還是受儒家人生信念主導、佛道雜糅民俗信仰流行的華人社會，墮胎比例仍居高不下。我們沒有神聖與世俗世界截然二分的想法，反倒是在世間將人分為聖、賢、才、智、平、庸、愚、劣八等，教導後人要學做聖賢，發揚才智，不然就會陷入等而下之的困境。

　　神聖與世俗的分判，與其指向真實世界，不如反映人格境界；聖人與凡俗之人終究有差，但差別心卻可能激勵人們超凡入聖。聖人就是功業偉大、人格崇高的人。天主教一向有封聖傳統，耶穌的門徒固然多出聖人，後世重要學者亦有入籍者。輔大哲學系以研究「士林哲學」為主，我剛入學時還鬧了個笑話，問道輔大位

在新莊而非士林，為何稱「士林哲學」？後來才知道這是「經院哲學」的雅稱。士林哲學以中世紀哲學家聖多瑪斯的思想為依歸，多瑪斯即是高中課本上提到的阿奎那；他四十九歲便去世，但因被封為聖人而不朽。當代也有為教廷冊封的聖人，德蕾莎修女即屬之。西方的聖人仍由神聖教會所管轄，中國的聖人過去亦有為皇室賦與封號，但更多由民間所推崇者；孔子、關公、媽祖固為聖，華陀、杜甫也得以聖名而永垂不朽，此或能帶給人們「有為者亦若是」的鼓舞。

　　追求德行崇高的聖人境界，屬於儒家式的自我實現；道家並不作此想，老子甚至主張「絕聖棄智」，以回歸自然率真。生活在今日，「聖人」之說不免高遠，還有用以指謂不願隨俗、不近情理的負面意義，如過去有位學者從政、篤信基督、堅守原則的財政部長王建煊，坊間即以「王聖人」稱之。平心而言，身處現今世事渾濁的社會中，以成聖成賢自我期許，格外有其崇高意義與理想價值。過去身居高位的人即是世道表率，如今學生竟連獲頒「總統獎」都覺得不是滋味，便知這真是個價值錯亂的時代與社會。記得我考大學時的作文題為「曾文正公云：『風俗之厚薄奚自乎？繫乎一二人心之所嚮。』試申其義。」我知此「一二人」係指在位者，乃根據「上樑不正下樑歪」的道理大肆發揮，竟深獲考官青睞，四十分得了三十六分，靠著作文佳績如願考取大學進入哲學系。而大學之道，不就是反躬自省「讀聖賢書，所學何事」的成長歷程嗎？

聖人世界

中國自從西漢武帝聽信臣下董仲舒的建議，罷百家獨尊儒術，至今兩千一百年，人們便一直生活在儒家的價值系統中。而在上世紀初科舉制度廢除前，讀書人以儒家經典為根據，參加科舉考試以致仕，也有一千兩百年左右的歷史。中國教育史上，長期存在著考試引導教學的現象；孩童啓蒙讀書，即以未來榮登金榜後在朝當官為鵠的。當然也有仕途不順或不屑此道者，選擇走上學者道路，努力著書立説，以期揚名後世。中國舊學又稱「國學」，近年大陸已有國學復興之勢。國學雖分為經、史、子、集四部，但以經學為主。經學即儒家經典中的傳統思想，歷數千年而不衰；用現今眼光看，儒家思想便代表了中國正統的、主流的、官方的哲學，其餘都不足恃。在這種情況下，儒家觀點幾乎得以全面影響世人立身行道的價值標準；尤其是宋、元、明、清諸代，讀書人多以天下興亡為己任，遂產生規範世間的理想。

儒家學者用以規範世間的作法，乃是通過禮樂教化，讓世人學習仿效理想人格。聖賢才智之分判，便與此一用心相互呼應；換言之，人人都該學作聖人。成為聖人必須講究方法，格物、致知屬外爍方法，誠意、正心則為內斂方法。前文曾論及，王陽明因為格竹子未能悟道反而生病，就另闢途徑，終於拈出「心即理，致良

知，知行合一」的道理，反身而誠，無向外馳求之誤。問題是反身而誠容易陷入主觀自視、一廂情願；王陽明文治武功皆高明，一旦內斂仍舊得以知行合一；其他泛泛之輩未經外爍工夫，貿然以「心即理」為內斂所得，見到滿街都是聖人，遂以為天下已經大治，可就誤人誤己了。我的看法是：讀書人應該把握理想，但不能太過於追求完美，否則容易為自己的信念所蒙蔽。這畢竟不是一個沒有缺陷的聖人世界，如果人人皆為聖人，如此完美的世界自然無需改善，生活也就失去奮發向上的意義了。

理想的聖人世界是大同世界，是彼此謙讓的世界，是其樂融融的世界。古典寓言小說《鏡花緣》之中有一個君子國，人們購物不是認為該少付，而是拼命搶著多付錢，深怕對方吃虧；如此「利他」的社會雖令人嘖嘖稱奇，卻是理想主義知識分子心之所嚮，社會主義大同世界即屬構想之一。我們都讀過的：路不拾遺，夜不閉戶；各盡所能，各取所需；鰥寡孤獨廢疾者，皆有所養；這些都是現代人心中的失樂園景象，雖然不切實際，卻又無限嚮往。聖人世界是儒家的夢土，對我而言，它在心中佔有一小部分；另外較大的部分，則屬道家真人世界；結合二者，即成我所謂的「知識分子生活家」理想人生境界。謹守儒家式知識分子，容易被憂患意識壓垮；光做道家式生活家，又可能變得閒雲野鶴，不知所終。在現代華人社會的日常生活中，唯有儒道融通，方能安身立命，有為有守。

聖——

超凡入聖

　　基於知識分子的理想與信念，我把「超凡入聖」視為現代人通過生活智慧的指引，達到人生極致的途徑。在我看來，凡聖之分主要並非針對外在身分條件，而是指向內心理想境界。一個人可能貌似平凡，但是內心充滿聖潔；而非外表道貌岸然，內心污穢不堪。現代人受教育的機會均等，所以擁有起碼的立足點平等；但是到頭來究竟誰能夠跑得遠、跳得高，就看個人努力了。「超凡入聖」理當是「循序漸進、更上層樓、止於至善」的標竿，讓人人都能夠在內心裏劃出一塊神聖領土、種下一片崇高理想，然後去開發它、實現它。凡心意味人生在世維繫基本生活的一般見識，聖人則象徵不斷努力改善生活可以達到的最高境界。聖人境界不一定要儒家的，也可以是道家的，或者佛教、基督教的等等，雖然道家不喜歡做聖人。

　　我將「超凡入聖」列為人生理想進路，並無意宣揚要大家學做宗教聖人，其實聖人還有倫理性與藝術性諸方面的；如今關公、媽祖無疑是宗教性聖人，但孔子、孟子卻屬倫理性聖人，而華陀、杜甫則分別因醫術和詩作稱聖，以尊敬其達於登峰造極之境。現代人固然不必也不可能個個登峰造極，但「取法乎上」仍有積極意義。為師多年，我一向不太在乎學生成績；但學生唯一關心的事情，似乎只有成績。因為學業成績既是同儕

間一較高下的結果，也是未來事業發展的依據，所以沒有一個年輕人敢忽視它。其實不止學生掛心成績，近年連大學教師也不敢怠慢；後者倒不完全是指老師給學生的成績，還包括學生給老師打的教學評量成績、系所主管給的考績，以及老師自評的分數。整個評量的目的，則是為了滿足教育部針對各大學實施的「教學卓越計畫」；由於官方以此取捨鉅額的經費補助，學校、系所及老師只好斤斤計較了。

說到對成績斤斤計較，我就想起多年前一段報載的新聞。有回一名北一女同學在二樓教室倚窗讀書，不慎跌落地面；這原本是件意外事件，卻被報紙捕風捉影寫成自殺未遂。為何想不開？據說該生自小學至高中功課絕佳，每次都拿第一名；不料上了明星高中後，竟在一次月考中大意失荊州，考了個第二，頓時引為奇恥大辱，終日鬱鬱寡歡，而有但求解脫之舉。倘若此事屬實，那麼這位小姐也實在活得太辛苦了，難怪要尋短。試想「高處不勝寒」，年年拿第一的學生，沒有更高的奮鬥目標，只剩下盡量努力以保有冠軍身分，這豈非捨本逐末？此一例證正反映出我在前文提到的，理想主義與完美主義之差別；追求第一是實現理想，拼命保住第一則屬完美觀念作祟，二者不可不辨。所以我說超凡入聖的理想實踐，理當是漸入佳境，而非一頭鑽進雲深不知處。聖人之所以稀罕才配稱聖，其他的「剩人」則用以烘托聖人，以為表率；「雖不能至、心嚮往之」，又何必自苦呢？

信仰之旅

　　不可否認的，將「真、善、美、聖」並列，把「聖」列為生活本質的一部分，許多人很自然地就會聯想到宗教信仰方面去。我瞭解「聖」的概念，於西方有相當豐富的宗教色彩；但更強調它在中華文化的脈絡裏，多指向人格發展的最高境界。這種境界在佛洛伊德的學說中，常以「超我」形容它。佛氏將人格分為「本我、自我、超我」三層；本我是本能的獸性我，超我為超越的神性我，二者若能相輔相成，便得造就一個穩健的人性我。依此觀之，人人皆具神聖性，似與「狗子也有佛性」的理念相通，表示神性並非高不可攀，而是人類深藏的潛能；當然此一神聖性，絕非指的宗教裏上天那種神性。臺灣的宗教信仰活動，看似流行普及，其實只發生於特定時空和人物身上；大多數的人皆與其無關，或者僅表現出可有可無、似有若無。像我上課問學生有沒有信教，舉手者通常不到十分之一，其他則笑稱信「睡覺」。

　　真正奉行「睡覺」信仰其實也不錯，我將之視為相信養生之道的重要。睡覺佔去人生三分之一光陰，不能說不重要。但是現代人的睡眠品質大多不佳；尤其年輕人仗著身體棒，成天上網玩遊戲，該睡的時候不睡，進了教室卻呼呼大睡，如此絕非「睡覺」的忠實信徒。如今臺灣人雖不太在乎有無宗教信仰，但到處逛廟、

燒香、拜神者，還是大有人在。換言之，真正皈依宗教團體的人不多，認為舉頭三尺有神明、心誠則靈的人卻不少。我覺得這樣子的民俗信仰是很健康的現象；有點黏，又不太黏。而宗教信仰則多半濃得化不開，人們皈依教團，就必須終身奉之；一旦選擇改宗或離開，常被視為大逆不道。信仰之事原本屬於個人心靈深處的精神安頓，奈何變成團體活動後，竟有可能流於身心宰制。對此我相當欣賞林語堂在《信仰之旅》一書中，所表達的不隨俗、不從眾的擇善固執態度。

　　林語堂出身基督教世家，父親為牧師，自己則念教會大學，是個十分洋派的人物。但是當他出國留學時，心境竟為之轉變，開始認同中華文化；待返國任教，並不斷寫作後，便成為儒道二家信徒，他自稱「從基督徒到異教徒」。但奇妙的是，林氏後半生卻又回頭尋找基督的聖靈與光照，從而完成一生的「信仰之旅」。不過值得一提的是，他始終對形式化的宗教活動興趣缺缺；周聯華牧師稱其為「存在的」基督徒，我覺得倒頗為相應。所謂「存在的」情狀，就是不人云亦云、不隨波逐流，孤獨地走自己的路。如果生活的「真、善、美、聖」要想全面落實，孤獨地走自己的路十分重要。在歷史上我欣賞三位這種特立獨行的人：莊子是「聖」，林語堂為「賢」，叔本華則屬「才智」。至於我呢？不斷地反思與實踐「存在抉擇」，正是我自己的路。

陸、生活觀

存在主義

　　我在構思這本書時，便追隨過去寫〈心靈會客室〉專欄的作法，設定以一百篇千字上下的哲理散文為格式，一步一腳印地舖陳。原先打算從寒假到暑假，寫上整整一學期，沒想到開學頭一週就要收尾了。看情形十萬字的小書，今日即可殺青，算算前後只花掉十六天。十六天寫出一本書，破了自己的記錄；我前年利用暑假撰寫同樣字數的《殯葬學概論》，總共費時三十天。過去半個月，我只有兩個下午去上課，其他時間幾乎從早寫到晚。神奇的是，這些日子我竟能洋洋灑灑，一洩千里，暢行無礙；而且意志集中，力量也集中，只是手腕痛得不得了。書是用稿紙而非電腦寫成的，我覺得如此方能流利運思，我手寫我心。雖說十六天嫌短，但我相信這是我積十六年之經驗的反芻之作，所以信手拈來，水到渠成。十六年前，我剛經歷三載學術空窗期，起步重新出發，意外地產生意識覺醒，再度作出重要存在抉擇，讓生命次第開展至今，始有本書之寫作。

　　如果不把「學」字看得太嚴謹，這本書表達的就是我的生活學；是一個平凡的哲學教師，在對生活進行觀照的心得，亦即「用心之所得」。說它是我的生活心得報告，更可視為個人存在抉擇下的心路歷程記錄。回首從前，存在主義在我心智開啟之初，適時進入我的生命，支撐了我的生存，也體現為我的生活。近四十年

來，我作了一些在常人看來是特立獨行，甚至有點離經叛道的人生選擇和性情抒發，包括選擇讀哲學系、不生小孩、放棄移民美國、認同文化中國、支持安樂死及醫助自殺合法化、推動殯葬教育與環保自然葬等等。年歲日長，離死日近，有些事情我就越不怕大聲說出來；不然就沒機會說了，不是嗎？「道不同，不相為謀」，碰到不同調的人我可以沉默，但是討厭和稀泥式地媚俗。冷眼看世界，安做邊緣人，是我的今日寫照；無求於人，亦不為人所求，是我的心之所嚮；不以物喜，不以己悲，是我的精神境界；立身行道，文以載道，則是我的終身理想。

　　要跟讀者朋友分享我的生活學，首先當然要提到我的啟蒙哲學，它包括存在主義、道家學說，以及禪宗哲學；這三種思想在高中五年期間，醞釀出我的人生大方向。回想十五歲以前的我，生活裏似乎只有郵票、連環圖畫和泡泡糖畫片，謂之「渾沌未明期」；十五至二十歲在上述思潮薰陶下，生命逐漸朗現，謂之「自我啟蒙期」；二十至三十八歲一路讀書、服役、就業，循序漸進，謂之「我註六經期」；三十八至五十歲接觸另類思想，擴充學問視野，謂之「意識覺醒期」；五十歲至今在為學與做人各方面漸感出入自如，有為亦有守，謂之「六經註我期」。我說這些並非要大家有樣學樣，何況每個人都是無與倫比的，各位儘可以走自己的路。如果有興趣，不妨拿我的人生道路作為對照，或者純粹欣賞消遣。如果你覺得我在滿口荒唐言，那就扔掉書起身離去吧！

現世主義

　　不同於所有具宗教信仰的人，以及那些自認為有需要接受宗教的心靈慰藉的人，我益發肯定現世主義才是我們唯一的出困之路。我有一位交往十年的同道兼好友，他就是我的老表同鄉、大陸學者鄭曉江教授。過去數年，我們在兩岸共同推動生命教育、生死教育，以及殯葬教育。二〇〇六年夏天，他說服了天津永安殯葬集團的老闆張昕先生，出資成立「永安生命教育與殯葬文化研究所」，由鄭教授擔任所長，而我們這些理念相近的兩岸學者，則獲聘為兼職研究員。就在為設所而舉辦的研討會上，鄭教授發表論文闡述其生死哲學，其中他表示反對共產黨唯物主義下「人死如燈滅」的觀念，我聽了頗有所感。事實上，我對「人死如燈滅」之說，基本上持肯定態度；但不代表唯物，反而有些唯心。我認為有了此一肯定，方能「置之死地而後生」，讓生命大放異彩，精神亦為之不朽。

　　我其實並不是那麼在乎不朽與否，只是有意提出哲學性「精神不朽觀」，用以取代一般人一廂情願相信的宗教性「靈魂不滅觀」；如果別人不提靈魂不滅，我也不講精神不朽。我想提倡的是徹頭徹尾的現世主義，以作為華人生命教育的基本命題，其內涵則源自古典儒道二家思想。儒道思想的現世主義特質，在生死學先行者傅偉勳教授所著《死亡的尊嚴與生命的尊嚴》一書中

已有所闡述，我不想多言；但是希望進一步發揮它的附加價值，那便是用以推動環保自然葬，倡導樹葬、海葬等拋灑葬法，取代土葬、塔葬等佔地葬法。現世主義楬櫫兩大教訓：我們只有這一次人生、我們只有這一個地球；人生要過得無怨無悔，地球應保持永續發展。我反躬自省，發覺此生到如今，既對得起自己與別人，也沒有傷害地球，應該可以繼續過下去。這便是我的生活智慧。

　　人的心靈有感性、理性、悟性三層次，對應於常識、知識、智慧三境界；智慧的境界屬於悟性發動，難以言詮，只能勉強解說，更待弦外之音。在我看來，現世主義乃是積極的惜世作為，而非消極的混世態度；即使瞭解人生屬於「知其不可而為」，仍堅持「雖千萬人吾往矣」，這才是孤獨的強者。時下有些人把「孤獨」與「寂寞」兩個概念弄擰，其實二者大異其趣；若能加以分辨，人生將為之開闊。簡言之，寂寞是想與人貼近卻無法如願的失落感，孤獨則是主動自人群中抽離所產生的獨處之樂。一個人越是能孤獨地挺立於人間，就越能夠坦蕩慨然走向生命終點。死亡是衡量人生的尺度，我們雖然不知道死期何時到臨，但可以大致依統計學數據預作安排，而後「盡人事，聽天命」。臺灣人的平均年齡為七十五歲，那表示我可能還有二十一年好活，如此我就盡量活好餘年的每一天吧！

後科學人文
自然主義

　　如果說「存在主義」是一份行動綱領、「現世主義」是一種生活態度，那麼「後科學人文自然主義」就屬於一套觀念架構，由此開出「後現代儒道家」的思想內涵，進而體現為「知識分子生活家」的人生實踐。「後科學人文自然主義」係我歸納綜合西方「科學人文主義」與「人文自然主義」兩種哲學觀點所得，前者表現為「以人為本，信任科學」的治學態度，後者則指點出「把握人文，回歸自然」的學問路線。新儒家學者林安梧說得好：「自然先於人，人先於自然科學」，後科學人文自然主義正可以用這句話作註腳。用「後」字去看待科學，具有後設反思與社會批判的用意，更表明為一種後殖民論述。科學知識是西方產物，雖自視為價值中立，但多少仍具有文化宰制性。身處華人世界，秉持「中體外用觀」並予實踐，方能將西方文化霸權的宰制力量降到最低。

　　後現代主義原本係西方繪畫界所提倡的一種對現代主義畫風的反動，最早可回溯至十九世紀後期，但在二十世紀才逐漸受到重視。現代主義主張形式與內容的相符呼應，呈現傳統保守之勢；後現代主義則有意顛覆成規，不按牌理出牌。它後來陸續對建築設計和文學創作與評論產生深遠影響，至八〇年代竟演成一股全球性風潮，各種互通聲息的「後」學亦隨之興起，其特色乃

是「質疑主流，正視另類；肯定多元，尊重差異」。由於「後」學是西方思潮內部的反動，正好可以被我們東方人借用，來實現「以子之矛，攻子之盾」的策略；即以另類的批判立場，去對抗位居主流的霸權宰制，從而回歸本土文化，建構在地論述。「後科學」代表策略性地接納科學，但不盲目相信。「中體外用」即是以人文觀照科學，或如新儒家學者唐君毅先生所言，「從人生看宇宙」，始能「直透本原」。

　　「後科學人文自然主義」具有雙重指引功能：以自然之道融滲於人文，再以人文精神「後」於科學；自然是根本，人文是體現，科學是發用，人文學問在此具有承先啟後、繼往開來的功能。像我長期鑽研的科學哲學，便屬站在哲學的人文立場，去對科學活動加以考察與批判。科學家說什麼，我們不一定瞭解；但是科學家做什麼，卻可以被檢驗。正因為如此，科學哲學把科學史與科學社會學視作盟友及合作伙伴，共同對科學研究進行監督。尤其是就科技政策的制定，不能任由科學家閉門造車，而必須聽聽人文與社會方面學者的意見，以評估科學活動對於社會的衝擊和影響。自然主義主張，自然即世界的本來面目，無需超自然的解釋；世界通過人文化成而形成人類文明，包括科學在內。後科學人文自然主義希望把科學、人文與自然三者的關係徹底釐清、全面安頓，也就與我們的生活智慧息息相關了。

後現代
儒道家

「後科學人文自然主義」之說，容或有幾分抽象，但此乃安頓科學、人與自然的觀念架構，屬於外來思想的活用；它在華人世界的學問開展即是「後現代儒道家」，屬於本土思想的道體。後現代儒道家為儒道融通的後現代轉化，具有「儒陽道陰、儒顯道隱、儒表道裏」的特質；對此我曾在近年所撰寫的教育哲學與生命教育論著中加以分析闡述，眼前僅點到為止。總而言之，我的「生活學」就是在生活中實踐「後現代儒道家」思想，學做「知識分子生活家」。作為中年哲學工作者，我生活周遭有些標榜著「新儒家」或「新道家」的中生代學者，他們都對理論探索與學問事業做出了積極貢獻。這些全是積數十年之經驗的思想結晶，我望塵莫及，也不期待與之並駕齊驅；我想另闢途徑，走生活實踐的路線，尋求類似應用倫理學的「生命的學問」之開展。

應用倫理學不是純理的倫理學之應用，而屬於科際整合下的實務反思；例如作為應用倫理學核心部分的生命倫理學、環境倫理學和企業倫理學，它們的課題都來自專業實踐，而非哲學思辨。應用倫理學不希望停留在紙上談兵的層次，更強調躬行實踐；一旦要求知行合一，便不止是學者的事情，而是問題發生場域所有關係人的問題。比方說，在臨床上決定一個重症病人是維持

還是拔除維生器材，這類生死攸關的抉擇，不是醫師或倫理學家說了算，而是臨床人員、法律專家，以及患者家屬共同協商下，深思熟慮、集思廣益的結果。為了要讓沒有受過哲學訓練的人，也能有效進行倫理思考與分析，協商討論就不能太過抽象掛空，而是要在不違反一般人常識所見的情況下，取得各方共識，作為解決問題的最終方案。

從實踐的意義看，後現代儒道家正是應用倫理學在華人世界的思想根源和精神標竿；倘若「生活倫理」也算是應用倫理，那麼它的解決方案，便是通過「後現代儒道家」思想，去學做「知識分子生活家」。生活中無疑有許多疑難雜症和顛倒夢想，但那些都屬於枝節問題；我們理當在主幹上，去尋求解決之道。生活主幹一如本書整體架構所開展的「修身、齊家、合群、治國、入世」的人生階段，具有「真、善、美、聖」的崇高性質，可以用「生物、心理、社會、倫理、精神」一體五面向的人學觀點去契入，並於「教育、咨詢、關懷、管理」等實務中全方位落實。這整套工夫，可視為我的生活學之思想與行動、觀念與實踐知行體系；它秉持「後現代儒道家」的「知」，表現為「知識分子生活家」的「行」。一旦知行合一，生活便得以超凡入聖、反璞歸真。

知識分子
生活家

　　何為「知識分子生活家」？他體現出生命發散與收斂的恰到好處，達於「從心所欲不逾矩」的境地，即「有為有守，無過與不及」。如何做得到？儒道融通而已；一旦彼此通透，就可以醞釀出「知識分子生活家」的理想境界。後現代儒道家的人格典型，可分為「後現代儒者」與「後現代道家」兩方面來落實；前者將古代的「君子」轉化為後現代的「公民」，後者將古代的「真人」轉化為後現代的「存在者」，二者結合便形成「知識分子生活家」的人生境界。對於現代臺灣社會的華人而言，公民與存在者的角色都不難理解；尤其是前者，「公民自決」的口號不時傳出，正是民主政治的一大特色。必須說明的是，在現實生活中，現代與後現代並不衝突；現代性出了問題，才需要從後現代立場加以改善。我的後現代立場為：在「現代」範圍裏，提出「人」的存在處境，要求作出存在抉擇以提煉「生活智慧」；這些都極具時代精神與豐富創意，也是「存在者」的形成脈絡。

　　公民的概念對成長、生活在臺灣的成年人並不陌生。我們自幼在小學念「生活與倫理」，在國中讀「公民與道德」，在高中職或五專上「公民」與「三民主義」，到了大學還有「國父思想」或「憲法與立國精神」等課，目的正是要培養現代公民，選賢與能，貢獻

社會。我在二十年前便曾經教過五年的五專一年級公民課，當時這些孩子尚未成年，對於身為公民的權利與義務之瞭解純屬紙上談兵，不免隔閡。但是讓他們體會公民意識和民主程序，對當下的學校生活改善便有所助益；因為享受權利和善盡義務，是隨時隨地都可能會出現的狀況。再者我認為，公民理當具有獨立思考判斷的能力，不人云亦云，不隨波逐流；古希臘雅典的公民社會，和中國春秋時代的士大夫階層，都具有這些起碼的要求。所以反觀今日，一個負責盡職公民的條件，並不止是二十歲以上成年人、手中握有選票，同時盡點基本義務而已；公民必須作為社會的中流砥柱和輿論良知，不能隨著政治人物的魔咒起舞，讓整個社會向下沉淪。

　　然而放眼望去，今日社會卻是一片渾濁，懂得明辨是非的知識分子倘若充滿憂患意識，那可真要鞠躬盡瘁了。在「盡人事，聽天命」的教訓下，我覺得大家應該學得盡量發揮自己的潛力，也能即時瞭解本身的限度；不必刻意營求，以免坐困愁城。知識分子如何不自苦？在恪盡社會責任之後，退一步轉變為自得其樂的生活家，當是最佳選擇。尤其身處民主時代與公民社會，我們既然不能像百年前知識分子那樣投身革命，就只有遵循公認的遊戲規則，做一個有為有守的公民兼存在者。我的公民角色是大學教師、作育英才，存在抉擇為澹泊明志、著書立說。本書是我以公民身分參與社會多年後，頭一回得以盡情揮灑的存在見證。如今我雖然不時嚮往生活家的閒雲野鶴、海闊天空，卻又經常被公民的擇善固執、不平則鳴所牽引。回首來時處，望盡天涯路；縱浪大化中，不喜亦不憂，這便是我作為一個讀書人與寫作者靜觀生活的愛智心得。

國家圖書館出版品預行編目資料

```
觀生活：自我生命教育/鈕則誠 著.——初版.
  ——臺北縣深坑鄉：揚智文化，2007.09
  面；公分.
  ISBN　978-957-818-838-9（平裝）

  1. 生命教育 2. 文集

528.5907                          96016502
```

觀生活—自我生命教育

著　　者／鈕則誠
出 版 者／揚智文化事業股份有限公司
發 行 人／葉忠賢
總 編 輯／閻富萍
執　　編／宋宏錢
登 記 證／局版北市業字第1117號
地　　址／台北縣深坑鄉北深路三段260號8樓
電　　話／(02)2664-7780
傳　　眞／(02)2664-7633
E-mail／service@ycrc.com.tw
印　　刷／鼎易印刷事業股份有限公司
I S B N／978-957-818-838-9
初版一刷／2007年11月
定　　價／新台幣250元